JN074251

公益社団法人全国経理教育協会 主催
文部科学省・日本簿記学会 後援

全経簿記
能力検定試験
標準問題集

2級　工業簿記

奥村雅史 [監修]　　望月信幸 [編著]

中央経済社

＜執筆者一覧＞

望月　信幸	（熊本県立大学教授）	1 ～ 5，11～14，28
山根　陽一	（大分大学准教授）	6 ～10，24
加藤　典生	（大分大学教授）	15～19，25
角田幸太郎	（佐賀大学教授）	20～23，26，27

監修者序

　公益社団法人全国経理教育協会簿記能力検定試験制度は1956年10月14日に開始され，受験者数も累計で1,243万人の受験実績を持つ伝統ある検定試験であるが，2024年には，受験生と指導者に便宜を図ることを目的として，試験科目名の変更とネット試験（CBT）の導入が行われることになった。

　科目名の変更は，ビジネスの発展及び学問の進歩に合わせて変化してきた出題内容と従来の試験科目名とが合わなくなっていたことを原因としており，上級及び1級の科目名「工業簿記・原価計算」については「原価計算・管理会計」に変更されることとなった。これにより出題内容と科目名が適切に対応するため，受験生と指導者にとってわかりやすい名称となったと思われる。なお，出題内容が先行して変化してきたことを後追いする形で科目名が変更されたため，今回の科目名の変更自体が出題内容に影響することはないといえる。

　ネット試験の導入も，もっぱら受験生と指導者の利便性を高めることを目的としている。受験生にとっては受験機会が増加する点，指導者には，指導の成果（学生の習熟度）を確認する機会が常にあるという点で利便性が向上し，結果として，簿記能力検定試験の教育上の効果が一層高められることが期待される。

　本問題集シリーズもやはり，受験生と指導者の便宜を図ることを目的としている。これまで，検定試験の準備は，各教育機関における教育を前提に，その教材に関しては各教育機関に任されており，検定試験受験のために標準となるものがほとんどない状況である。そこで，その不足を補うという目的をもって企画されたのが本問題集シリーズである。

　この問題集が，受験生やその指導者など多くの関係者の簿記学習と指導にとって役立つことを期待するしだいである。

監修者　奥村　雅史

編著者はじめに

　本書は，公益社団法人全国経理教育協会主催の簿記能力検定試験２級工業簿記の受験生が，検定試験合格に向けて工業簿記の基礎から学ぶことを想定した問題集である。工業簿記は，企業のモノづくりに関する活動を記録する必要があり，いわゆる価値転嫁の流れに基づいて理解しなくてはならないという点で商業簿記とは異なる。また，工業簿記は工場の経理だけが必要な知識であると誤解している人もいるかもしれない。ところが，工業簿記や原価計算の考え方は工場の経理以外にも，管理職はもちろん，営業職，技術職など，組織の幅広い領域において必要とされる考え方でもある。本書では，２級の範囲を網羅するとともに，工業簿記や原価計算の基礎部分にも重点を置き，工業簿記の仕組みについて着実に理解を深めることができるような構成となっている。

　検定試験の勉強では，過去問題集をひたすら解いて学習する受験生を見かけることもある。過去問題集を解いて試験での出題形式に慣れることも合格のためには重要であるが，仕組みを理解せず解法だけを身につけても，異なった出題パターンには対応できず，また実務に役立つ知識を習得したとは言えない。工業簿記では特に過去問題を繰り返し解くことでパターンを学習するというよりは，なぜ原価がそのような流れをたどって製品に集計されていくのかという疑問を持ち，その疑問に対して自ら理解し解決することが，合格への近道となるだけではなく，実務においても有効な知識を身につけることになる。

　そのため，本書では各単元のはじめに要点を簡潔に示している。このことによって，その単元で学習してもらいたい内容とその基本的な考え方について理解してもらうとともに，問題を解くことで理解の定着を図りながら検定試験での合格を目指すことを目標としている。また，独学で合格を目指す受験生の中には，解答を見てもなぜその答えになるのかがわからず行き詰まってしまうこともある。そこで，各問題には解答だけではなく解法もわかるように要点を押さえた解説を加えており，独学の受験生でも困らないよう工夫している。

本書を通じて，受験生には工業簿記の仕組みを理解してもらい，工業簿記や原価計算の楽しさを知ってもらうとともに，検定試験の合格はもちろんであるが，実務でも役に立つ知識を習得してもらうことで，社会でも第一線で活躍できる人材になってくれることを期待している。

編著者　望月　信幸

全経簿記能力検定試験の概要と
２級工業簿記の出題基準等

１．検定試験の概要

① 受験資格を制限しない（男女の別，年齢，学歴，国籍等の制限なく誰でも受けられる）。

② ペーパー試験は年間４回行い，その日時及び場所は施行のつどこれを定める（ただし上級の試験は毎年２回とする）。ネット試験（当面，２・３級）は，随時受験可能。

③ 各級の科目及び制限時間は以下のとおり。

上級	商業簿記／財務会計	１時間30分
	原価計算／管理会計	１時間30分
１級	商業簿記・財務会計	１時間30分
	原価計算・管理会計	１時間30分
２級	商業簿記	１時間30分
	工業簿記	１時間30分
３級	商業簿記	１時間30分
基礎簿記会計		１時間30分

④ 検定試験は各級とも１科目100点を満点とし，全科目得点70点以上を合格とする。ただし，上級は各科目の得点が40点以上で全４科目の合計得点が280点以上を合格とする。

⑤ １級の商業簿記・財務会計と原価計算・管理会計，２級の商業簿記と工業簿記はそれぞれ単独の受験が可能である。

⑥ その他試験の詳細は主催者である公益社団法人 全国経理教育協会のホームページ（https://www.zenkei.or.jp/exam/bookkeeping）を参照いただきたい。

２．「２級工業簿記」の出題基準と標準勘定科目

・出題基準

製造業簿記入門（工業簿記の基礎）

・出題理念および合格者の能力

　製造業における簿記の学習導入部と位置付け，現場の経理担当者として，工程管理のための実際原価に基づく基本的な帳簿を作成でき，また，これらを管理する能力を持つ。

・標準勘定科目

　標準的な勘定科目の例示は，次のとおりである（製造過程外で使用される商業簿記の勘定科目を除く）。

製造原価に関する勘定	材　料　（費）	補助材料（費）	工場消耗品（費）	消耗工具器具備品（費）	労　　務　　費
賃　　　　　金	雑　　　　　給	経　　　　　費	賃　借　料	電　力　料	ガ　ス　代
水　　道　　料	直 接 材 料 費	直 接 労 務 費	製 造 間 接 費	加　　工　　費	資　産　勘　定
仕　掛　品	製　　　　　品	機 械 装 置	費 用 勘 定	売 上 原 価	その他の勘定
月 次 損 益	年 次 損 益				

※ 「その他の勘定」に含まれている項目の一部は，他の区分に計上される可能性あり。

問題

01 工業簿記の特質

Summary

1 工業簿記とは，製造業で用いられる簿記である。商品を外部から仕入れてそのまま外部に販売する商品売買業とは異なり，外部から材料を仕入れ，それらを加工し別の製品を製造した上で，それを外部に販売するメーカーのような製造業で用いられる。

2 外部から材料を購入し，それらを加工して別の製品を製造し販売するというプロセスの中で，例えば当月に製品を製造するために消費された原価や販売された製品の原価（売上原価），月末に製品や材料がどれだけ在庫として存在しているかについて，それらの具体的な金額を算定する役割を果たすのが原価計算であり，主に記録の面から計算の流れや，財務諸表での報告までの流れを示す役割を果たすのが工業簿記である。

3 原価計算は，原価の把握を迅速に行うために1日（月初）から30日または31日（月末）までの1ヵ月単位で行われる。これを原価計算期間という。

□□ 問題1 次の図表の①～⑧に当てはまる単語として，以下の語群の中から最も適切なものを選びなさい。ただし，同じ単語を2回以上用いてもよい。

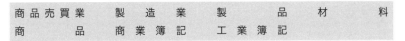

（ ① ）の場合…記帳方法として（ ② ）を用いる

（ ③ ）の仕入れ → 当社 在庫 → （ ④ ）の販売

（ ⑤ ）の場合…記帳方法として（ ⑥ ）を用いる

（ ⑦ ）の仕入れ → 当社 加工 → （ ⑧ ）の販売

□□ 問題2 次の文章を読んで，工業簿記について説明している文章であれば「工業簿記」，原価計算について説明している文章であれば「原価計算」と解答欄に記入しなさい。

（1） 製造している製品の金額を算定する役割を主に果たしている。

（2） 材料の在庫がどれだけ存在しているかを財務諸表で示せるよう，材料の出入庫を記録の面から明らかにする役割を果たしている。

（3） 利益の計算に必要な売上原価の金額を算定する役割を果たしている。

（4） 原価を把握するために，主に記録の面から金額の流れを示す役割を果たしている。

□□ 問題3 次の文章を読んで，正しければ○を，誤っていれば×を解答欄に示しなさい。

（1） 原価計算期間は通常1年間である。

（2） 原価計算期間の始まりを期首，終わりを期末という。

（3） 原価を迅速に把握するために，原価計算は1ヵ月単位で行う。

解答・解説

問題 1

①	商品売買業	②	商業簿記	③	商品
④	商品	⑤	製造業	⑥	工業簿記
⑦	材料	⑧	製品		

　商品売買業では，外部の取引先から商品を仕入れ，店頭に陳列あるいは
在庫として保管した後，仕入れた商品を外部の顧客（得意先）に販売する。
そのため，記帳方法としては商業簿記を用いる。

　それに対し製造業では，外部の取引先から材料などを仕入れ，仕入れた
材料を加工し，新たに別の製品を製造した上で，それを外部の顧客（得意
先）に販売する。そのため，記帳方法としては工業簿記を用いる。

問題 2

（1）	原価計算	（2）	工業簿記
（3）	原価計算	（4）	工業簿記

　製造業では，取引先から材料などを仕入れ，加工作業を通じてそれらの
材料から別の製品を製造し，外部の顧客に販売する。それらのプロセスの
中でどれだけの材料が購入され，また消費されて加工作業が行われ，製品
が完成し販売されたのか，そして材料や製品などがどれだけ在庫として
残っているかなどについて，記録の面から示すことを主な役割としている
のが工業簿記である。そのため，（2）や（4）のように，記録の面から
捉えている選択肢は工業簿記の役割を説明しているものである。

　また，工業簿記で記録の面から流れを示すためには，それぞれの段階に
おける原価の金額を算定する必要がある。そこで，加工作業において要し
た原価を算定し，工業簿記での記録に必要な金額情報を示す役割をしてい
るのが原価計算である。

(1)	×	(2)	×	(3)	○

　製品の原価に関する情報の提供を，会計期間と同じ1年間を単位とすると，情報の提供が遅くなり情報の価値が低下することから，原価を迅速に把握するために原価計算は1ヵ月単位で行われる。これを原価計算期間という。よって，（1）は誤りであり，（3）が正しい説明である。

　また，原価計算期間は月初から月末までの1ヵ月間を対象とすることから，期首から期末までの1年間を対象とした会計期間とは異なる。そのため，（2）も誤りとなる。

02

工業簿記の構造

Summary

1 工業簿記は，資源の消費額を算定する方法の違いによって商的工業簿記と完全工業簿記に区分される。

2 商的工業簿記とは，製造活動にともなって発生する資源の消費額を直接的に把握するのではなく，期末に実地棚卸を行うことで間接的に資源の消費額を把握する工業簿記をいう。

3 完全工業簿記とは，工業簿記と原価計算が有機的に結合している簿記をいう。すなわち，工業簿記の中に原価計算を組み込んだ状態となり，工業簿記で行われる記録の金額を，原価計算による計算結果を用いて把握する方法を指す。

4 原価とは，製品を製造し販売することを目的として行われた企業活動の中で発生した経済的資源の消費額である。

5 原価計算や工業簿記に用いる原価のうち，記録・集計する金額として用いられる実際に発生した金額のことを実際原価という。

□□ **問題 1** 次の文章を読んで，①～⑦に適切な単語を入れなさい。なお，単語は以下に示すものを用いること。また，すべての単語を使用しなくてもよい。

製 造 活 動	販 売 活 動	経 済 的 資 源	完全工業簿記
原 価 計 算	把 握 せ ず	把 握 で き る	商的工業簿記

工業簿記は，（ ① ）にともなって発生する（ ② ）の消費額を把握するか否かによって，（ ③ ）と（ ④ ）に区分される。（ ③ ）とは，工業簿記と（ ⑤ ）が有機的に結合し，（ ① ）において発生した（ ② ）の消費額を（ ⑤ ）に基づいて把握するとともに，工業簿記に基づいて計算結果としての（ ② ）の消費額を記録していくことで，（ ① ）においても適切な原価を（ ⑥ ）。それに対して（ ④ ）は，（ ① ）の中で発生した（ ② ）の消費額を明確に（ ⑦ ），インプットとアウトプットの差額によってその（ ② ）の消費額を把握する方法である。

□□ **問題 2** 次の文章を読んで，①～⑤に適切な単語を入れなさい。なお，単語は以下に示すものを用いること。また，すべての単語を使用しなくてもよい。

原　　　　価	原 価 計 算	工 業 簿 記	実 際 原 価
経 済 的 資 源	取 得 原 価		

製品がいくらでできたのかを把握するために，製品を製造し販売することを目的として行われた企業活動において，発生した（ ① ）の消費額を集計する必要がある。この消費額を（ ② ）と呼ぶ。（ ② ）は，（ ③ ）によって記録・集計されることになるが，そのとき記録・集計される金額については（ ④ ）に基づいて，特に製造活動の中で発生した（ ① ）の消費額が算定される。なお，（ ① ）の消費額については，実際に発生した金額，すなわち（ ⑤ ）を用いて金額が算定され記録・集計される。

解答・解説

問題 1 ⋯⋯⋯⋯⋯⋯⋯⋯⋯⋯⋯⋯⋯⋯⋯⋯⋯⋯⋯⋯⋯⋯⋯⋯⋯⋯⋯⋯⋯⋯⋯⋯⋯⋯⋯⋯⋯⋯⋯

①	製造活動	②	経済的資源	③	完全工業簿記
④	商的工業簿記	⑤	原価計算	⑥	把握できる
⑦	把握せず				

　この問題では，商的工業簿記と完全工業簿記の違いについて説明している。商的工業簿記は商業簿記の要素を併せ持った工業簿記であり，完全工業簿記を実施することはコストや手間の面から導入が難しい中小企業などにおいて導入されることが多い。

　なお，問題文の（　）に解答を入れると次のようになる。

> 　工業簿記は，（①製造活動）にともなって発生する（②経済的資源）の消費額を把握するか否かによって，（③完全工業簿記）と（④商的工業簿記）に区分される。（③完全工業簿記）とは，工業簿記と（⑤原価計算）が有機的に結合し，（①製造活動）において発生した（②経済的資源）の消費額を（⑤原価計算）に基づいて把握するとともに，工業簿記に基づいて計算結果としての（②経済的資源）の消費額を記録していくことで，（①製造活動）においても適切な原価を（⑥把握できる）。それに対して（④商的工業簿記）は，（①製造活動）の中で発生した（②経済的資源）の消費額を明確に（⑦把握せず），インプットとアウトプットの差額によってその（②経済的資源）の消費額を把握する方法である。

問題 2 ⋯⋯⋯⋯⋯⋯⋯⋯⋯⋯⋯⋯⋯⋯⋯⋯⋯⋯⋯⋯⋯⋯⋯⋯⋯⋯⋯⋯⋯⋯⋯⋯⋯⋯⋯⋯⋯⋯⋯

①	経済的資源	②	原価	③	工業簿記
④	原価計算	⑤	実際原価		

　この問題では，工業簿記と原価計算および原価の関係性について説明している。完全工業簿記では，工業簿記の中に原価計算の要素を取り込む形で消費額の把握が行われる。そのさい，外部の利害関係者に対する情報提供として用いられる貸借対照表や損益計算書に示す金額を算定するためには，実際原価を用いて原価の算定が行われ，どれだけの経済的資源が消費

され製品に転嫁されたのかを把握する必要がある。

　なお，問題文の（　）に解答を入れると次のようになる。

　製品がいくらでできたのかを把握するために，製品を製造し販売することを目的として行われた企業活動において，発生した（①経済的資源）の消費額を集計する必要がある。この消費額を（②原価）と呼ぶ。（②原価）は，（③工業簿記）によって記録・集計されることになるが，そのとき記録・集計される金額については（④原価計算）に基づいて，特に製造活動の中で発生した（①経済的資源）の消費額が算定される。なお，（①経済的資源）の消費額については，実際に発生した金額，すなわち（⑤実際原価）を用いて金額が算定され記録・集計される。

03

原価要素
（原価の分類）

Summary

1 製品を製造するために発生した原価について，「モノ」と「ヒト（労働用役）」と「それ以外」の３つの要素に分類し，それぞれ材料費，労務費，経費として集計する。これを原価の形態別分類と呼ぶ。

2 材料費とは，製品の製造にともなって消費される「モノ」，労務費とは，製品の製造にともなって消費される「労働用役」，経費とは，製品の製造にともなって消費される「モノ」と「労働用役」以外の原価である。

3 原価は，製品との関連で直接費と間接費に区分される。なお，消費額を各製品に明確に識別できる原価を直接費といい，消費額が複数の製品に共通で発生し，各製品に明確に識別できない原価を間接費という。直接費と間接費の区分は，形態別分類と組み合わせて次のようになる。

		形態別分類		
		材料費	労務費	経費
製品との関連	直接費	直接材料費	直接労務費	直接経費
	間接費	間接材料費	間接労務費	間接経費

4 製品の原価を算定する上で，製造に要した原価である製造原価に販売費や一般管理費を加算した原価を総原価と呼ぶ。

			一般管理費	
			販売費	
		間接材料費		
		間接労務費		総原価
		間接経費	製造原価	
	直接材料費			
	直接労務費			
	直接経費			

□□ 問題 1 次の（1）から（8）の原価について，それぞれ「材料費」「労務費」「経費」のいずれに分類されるかを答えなさい。
(1) 製品の製造に使用する機械の減価償却費
(2) 製品の製造作業に従事する工員に対する賃金
(3) 製品を製造するために消費された材料
(4) 工場事務員に対して支払われる給料
(5) 工場事務員のスキルアップのための簿記講座受講料
(6) 工場で発生した水道光熱費
(7) 工場で使用する機械の修繕に用いられた材料
(8) 工場で働く工員の募集費

□□ 問題 2 次の資料に基づいて，直接材料費，直接労務費，直接経費，間接材料費，間接労務費，間接経費の金額をそれぞれ求めなさい。

＜資料＞
○補助材料の消費額15,000円
○外注加工のために支払った金額20,000円
○製品にそのまま取り付ける目的で外部から購入した部品50,000円
○工員の加工作業に対して支払われた賃金35,000円
○工場建物の火災保険料5,000円
○工場事務員に支払われた給料18,000円
○製造用機械の減価償却費40,000円
○運搬工の運搬作業に対して支払われた賃金25,000円
○素材の消費額60,000円

解答・解説

（1）	経費	（2）	労務費	（3）	材料費
（4）	労務費	（5）	経費	（6）	経費
（7）	材料費	（8）	経費		

　製品の製造に関連して工場で発生した原価は，製造原価として材料費，労務費，経費のいずれかに分類される。その上で，「モノ」を消費することによって発生した原価は材料費，「労働用役（労働に対する対価）」として発生した原価は労務費，それ以外の原価を経費として分類することになる。

（1）　の機械の減価償却費は，「モノ」でも「労働用役」でもないことから，経費として分類される。なお，製品との関連でみると間接的であることから間接経費となる。

（2）　の製造作業に従事する工員に対する賃金は，工員に対して「労働の対価」として支払われた原価であることから，労務費として分類される。なお，製品との関連でみると直接的であることから直接労務費となる。

（3）　の製品製造のために消費された材料は，「モノ」の消費であることから材料費として分類される。なお，製品との関連でみると直接的であることから直接材料費となる。

（4）　の工場事務員に対して支払われる給料は，「労働の対価」として支払われる原価であることから，労務費として分類される。なお，製品との関連でみると間接的であることから間接労務費となる。

（5）　のスキルアップのための簿記講座受講料は，「モノ」でも「労働用役」でもないことから，経費として分類される。なお，製品との関連でみると間接的であることから間接経費となる。

（6）　の工場の水道光熱費は，「モノ」でも「労働用役」でもないことから経費として分類される。なお，製品との関連でみると間接的である

ことから間接経費となる。

（7）　の機械の修繕に用いられた材料は,「モノ」の消費であることから
　　　材料費として分類される。なお，製品との関連でみると間接的である
　　　ことから間接材料費となる。

（8）　の工具の募集費は,「モノ」でも「労働用役」でもないことから,
　　　経費として分類される。なお，製品との関連でみると間接的であるこ
　　　とから間接経費となる。

問題 2

直 接 材 料 費	110,000円
直 接 労 務 費	35,000円
直 接 経 費	20,000円
間 接 材 料 費	15,000円
間 接 労 務 費	43,000円
間 接 経 費	45,000円

　直接材料費となるのは,「製品にそのまま取り付ける目的で外部から購
入した部品」50,000円と「素材の消費額」60,000円であることから，合わ
せて110,000円である。

　直接労務費となるのは,「工員の加工作業に対して支払われた賃金」の
みであることから35,000円である。

　直接経費となるのは,「外注加工のために支払った金額」のみであるこ
とから20,000円である。

　間接材料費となるのは,「補助材料の消費額」のみであることから
15,000円である。

　間接労務費となるのは「工場事務員に支払われた給料」18,000円と「運
搬工の運搬作業に対して支払われた賃金」25,000円であることから，合わ
せて43,000円である。

　間接経費となるのは,「工場建物の火災保険料」5,000円と「製造用機械
の減価償却費」40,000円であることから，合わせて45,000円である。

04 工業簿記における勘定の流れ

Summary

1 工業簿記では，材料勘定や賃金勘定，経費勘定を通じて製品の製造に必要な原価が投入される。そのさい，直接費については製造途中の製品を表す仕掛品勘定の借方に振り替えられる。また，間接費については製造間接費勘定の借方に振り替えられる。

2 製造間接費勘定に集計された原価は，各製品に対する配賦計算を行った上で仕掛品勘定の借方に振り替えられる。

3 完成した製品は，仕掛品勘定から製品勘定の借方に振り替えられる。その後，製品が販売されたときは製品勘定から売上原価勘定の借方に振り替えられる。売上原価は，利益を算定するために最終的に月次損益勘定の借方に振り替えられる。

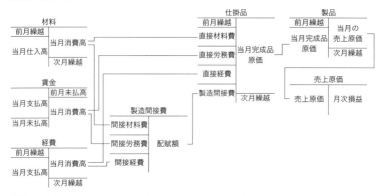

4 工業簿記では，材料勘定と材料元帳が，仕掛品勘定と原価元帳が，製品勘定と製品元帳がそれぞれ統制勘定と補助元帳の関係にある。

のいずれに記入されるかを答えなさい。

ア．素材の消費額300,000円

イ．直接工が加工作業に従事した時間に対する賃金消費額350,000円

ウ．当月の完成品原価880,000円

エ．当月の製造間接費実際配賦額280,000円

オ．清掃工が清掃作業に従事した時間に対する賃金消費額160,000円

カ．直接工が着用する作業服の消費額70,000円

キ．顧客に売り渡した製品の原価1,200,000円

材　　料

前 月 繰 越		仕　掛　品	①
諸　　　口		製 造 間 接 費	②
		次 月 繰 越	

賃　　金

諸　　　口		未 払 賃 金	
未 払 賃 金		仕　掛　品	③
		製 造 間 接 費	④

製 造 間 接 費

材　　料	②	仕　掛　品	⑤
賃　　金	④		
経　　費			

仕　掛　品

前 月 繰 越		製　　品	⑥
材　　料	①	次 月 繰 越	
賃　　金	③		
製 造 間 接 費	⑤		

製　　品

前 月 繰 越		売 上 原 価	⑦
仕　掛　品	⑥	次 月 繰 越	

売 上 原 価

製　　品	⑦	月 次 損 益	

解答・解説

ア．素材の消費額…①

| (借) | 仕 掛 品 | 300,000 | (貸) | 材 料 | 300,000 |

イ．直接工が加工作業に従事した時間に対する賃金消費額…③

| (借) | 仕 掛 品 | 350,000 | (貸) | 賃 金 | 350,000 |

ウ．当月の完成品原価…⑥

| (借) | 製 品 | 880,000 | (貸) | 仕 掛 品 | 880,000 |

エ．当月の製造間接費実際配賦額…⑤

| (借) | 仕 掛 品 | 280,000 | (貸) | 製 造 間 接 費 | 280,000 |

オ．清掃工が清掃作業に従事した時間に対する賃金消費額…④

| (借) | 製 造 間 接 費 | 160,000 | (貸) | 賃 金 | 160,000 |

カ．直接工が着用する作業服の消費額…②

| (借) | 製 造 間 接 費 | 70,000 | (貸) | 材 料 | 70,000 |

キ．顧客に売り渡した製品の原価…⑦

| (借) | 売 上 原 価 | 1,200,000 | (貸) | 製 品 | 1,200,000 |

　工業簿記における全体の流れを把握する問題である。

　アは，素材が直接材料費として消費されたことを意味しているため，材料勘定の貸方から仕掛品勘定の借方に振り替える。

　イは，直接工が製品の加工作業に直接的に従事した時間に対する賃金の消費額であり，直接労務費として計上されるため，賃金勘定の貸方から仕掛品勘定の借方に振り替える。

　ウは，当月に完成した製品が倉庫に搬入されたことを意味しているため，仕掛品勘定の貸方から製品勘定の借方に振り替える。

　エは，当月に発生した製造間接費の実際発生額が，何らかの配賦基準にしたがって各製品に配賦されたことを意味しているため，製造間接費勘定の貸方から仕掛品勘定の借方に振り替える。

オは，間接工である清掃工が作業に従事した時間に対する賃金の消費額であり，間接労務費が発生したことを意味しているため，賃金勘定の貸方から製造間接費勘定の借方に振り替える。

カは，作業服という「モノ」が消費されたことにより，間接材料費が発生したことを意味しているため，材料勘定の貸方から製造間接費勘定の借方に振り替える。このとき，直接工が着用する作業服であるが労務費ではなく材料費となることに注意が必要である。

キは，完成し倉庫に保管されていた製品が顧客に引き渡され，その売上原価を計上することを意味しているため，製品勘定の貸方から売上原価勘定の借方に振り替える。なお，完成品を顧客に引き渡した段階で売上の計上が行われていることから，売上原価を計上する前に売上を計上する仕訳が行われていることに注意する必要がある。また，売上原価対立法により売上と同時に売上原価を計上するときには，売上の計上に関する仕訳と売上原価の計上に関する仕訳が同時に行われることになる。

また，問題には出てきていないが，材料勘定の借方に示されている前月繰越は前月から繰り越されてきた材料の月初在庫額を，また貸方に示されている次月繰越は次月に繰り越す材料の月末在庫額を表している。

賃金勘定の貸方に示されている未払賃金は，賃金の前月未払額が未払賃金勘定から再振替された金額を表しており，賃金勘定の借方に示されている諸口は当月の賃金支払額を，未払賃金は当月の賃金未払額として未払賃金勘定に振り替えた金額を表している。

仕掛品勘定の借方に示されている前月繰越は前月末に未完成で当月に繰り越されてきた月初仕掛品の金額を，また貸方に示されている次月繰越は当月に未完成で次月に繰り越す月末仕掛品の金額を表している。

製品勘定の借方に示されている前月繰越は前月末に顧客に引き渡されず当月に繰り越された月初製品の金額を，また貸方に示されている次月繰越は当月中に顧客に引き渡されず次月に繰り越す月末製品の金額を表している。

売上原価勘定の貸方に示されている月次損益は，当月に販売された製品の売上原価として売上原価勘定の貸方から月次損益勘定の借方に振り替えた金額を表している。

05

原価計算の種類

Summary

1 原価計算の目的は複数あるが，そのうちの1つとして，最終的に製品1単位当たりいくらでできたのかを把握する目的がある。

2 月末になり原価計算期間が終了し，確定した実際原価を用いて原価計算を行う方法を実際原価計算という。

3 製品1単位当たりの原価を計算するにあたり，受注生産のように個々の注文に応じて仕様が異なることから，製品単位ごとに原価を分けて記録・集計しなければならない場合には，個別原価計算が用いられる。個別原価計算とは，1単位あるいはバッチ単位やロット単位で製造される製品について製造指図書を発行し製造指図書ごとに製造原価，すなわち材料費，労務費，経費の消費額を集計する方法である。

4 大量生産のように，同じ製品を継続的かつ大量に生産する場合は，原価計算期間ごとに製造原価すなわち材料費，労務費，経費の消費額を集計し，生産量で除して製品単位当たりの平均製造原価を算定する総合原価計算が用いられる。

5 原価を収益に対応させる観点から，発生した製造原価のうち，製品（完成品）に集計された製造原価のことを製品原価という。製品原価は，最終的には売上高に対応する売上原価として集計されることになる。それに対し，販売費や一般管理費のように発生した原価が製品ではなく当該月と対応させて集計される原価のことを期間原価という。

□□ 問題 1 次の文章を読んで，①～⑥に適切な単語を入れなさい。なお，単語は以下に示すものを用いること。また，すべての単語を使用しなくてもよい。

個別原価計算	総合原価計算	原価計算期間	大 量 生 産
受 注 生 産	製造指図書	製 品	

　原価計算の目的の1つに，製品1単位当たりの原価を計算することがある。そのとき，（　①　）のように同じ製品を大量に，また継続的に生産し続ける場合には，製品1単位当たりの原価を個別に集計することは困難である。そこで，（　②　）の中で発生した材料費，労務費，経費を集計し，それを対応する（　②　）における生産量で除して製品1単位当たりの平均製造原価を求める方法を用いる。この計算方法を（　③　）という。

　それに対し，（　④　）のように顧客によって注文内容が違うため製造する製品の仕様が異なる場合は，（　②　）を集計単位としてまとめて原価を集計することはできない。そのため，注文単位ごとに（　⑤　）を発行し，材料費，労務費，経費を（　⑤　）単位で集計することによって，個々の製品に対する単位当たり原価を算定する。このような計算方法を（　⑥　）という。

□□ 問題 2 次の（1）から（4）の文章について，正しい場合は○を，誤っている場合は×を記入しなさい。
（1）　製品原価とは，製品を製造するために要した原価を表している。
（2）　製品原価は，一般的に期間原価として認識される。
（3）　販売費や一般管理費は，その発生額を製品原価として製品単位で集計する。
（4）　製品原価は，最終的に売上高に対応する売上原価として集計される。

解答・解説

....

①	大量生産	②	原価計算期間	③	総合原価計算
④	受注生産	⑤	製造指図書	⑥	個別原価計算

この問題は，製品の生産形態から原価計算を分類した場合の説明を示している。受注生産のように，注文に応じて求められる製品の仕様が異なっている場合には，原価計算期間で発生した原価をまとめて各製品に配分することは難しい。そこで，個々の注文に応じて作成される製造指図書に発生した原価を集計することで，個々の注文単位，すなわち個々の製品単位で原価を集計することが可能となる。このような原価計算方法を個別原価計算と呼ぶ。

それに対して，大量生産のように毎月大量に同じ製品を製造する場合には，個々の製品単位で原価を集計することが困難かつメリットがないことから，原価計算期間を単位として，期間中に発生した製造原価と生産量に基づいて製品の単位当たり原価を算定することになる。このような原価計算方法を総合原価計算と呼ぶ。

なお，問題文の（　　）に解答を入れると次のようになる。

原価計算の目的の1つに，製品1単位当たりの原価を計算することがある。そのとき，（①大量生産）のように同じ製品を大量に，また継続的に生産し続ける場合には，製品1単位当たりの原価を個別に集計することは困難である。そこで，（②原価計算期間）の中で発生した材料費，労務費，経費を集計し，それを対応する（②原価計算期間）における生産量で除して製品1単位当たりの平均製造原価を求める方法を用いる。この計算方法を（③総合原価計算）という。

それに対し，（④受注生産）のように顧客によって注文内容が違うため製造する製品の仕様が異なる場合は，（②原価計算期間）を集計単位としてまとめて原価を集計することはできない。そのため，注文単位ごとに（⑤製造指図書）を発行し，材料費，労務費，経費を（⑤製造指図書）単位で集計することによって，個々の製品に対する単位当たり原価を算定する。このような計算方法を（⑥個別原価計算）という。

| (1) | × | (2) | × | (3) | × | (4) | ○ |

　製品原価とは，製品そのものに対して集計される原価を表している。そのため，製品を製造するために要した原価を集計した製造原価のうち，完成品となった原価を指す。

　製品原価は，収益と対応させるために製品を通じて集計された原価であり，原価計算期間単位で原価を集計する期間原価とは異なる。

　販売費や一般管理費は，その発生額を製品ではなく発生した原価計算期間に対応させる。そのため，期間原価として扱われる。

　製品原価は，最終的に売上高に対応させることで売上原価として集計されることになる。

06 費目別計算
（材料費会計の考え方，材料の購入と消費）

Summary

1 材料費とは，物理的・化学的に加工されて生産物になる物品を消費することによって発生する原価要素である。材料費の認識，測定，集計は製品との関連から直接材料費と間接材料費に分類される。

2 購入時の処理：材料を購入したときは，材料勘定の借方に記入する。例えば，材料1,000円を掛けで購入した場合の仕訳は次のとおりとなる。

（借）	材 料	1,000	（貸）	買 掛 金	1,000

3 消費時の処理（直接材料費）：材料を消費したときは，材料という資産が減少するので，材料勘定の貸方に記入する。材料の消費額を特定の製品種類ごとに把握することができる場合は，直接材料費として，仕掛品勘定の借方に記入する。例えば，材料700円を直接材料費として消費した場合の仕訳は次のとおりとなる。

（借）	仕 掛 品	700	（貸）	材 料	700

4 消費時の処理（間接材料費）：材料が複数の製品単位に共通的に消費される場合は，間接材料費として，製造間接費勘定の借方に記入する。例えば，材料300円を間接材料費として消費した場合の仕訳は次のとおりとなる。

（借）	製 造 間 接 費	300	（貸）	材 料	300

5 材料費の計算：材料の消費額は，実際の消費量に，その消費単価を乗じて計算する。例えば，1kg当たり100円の材料を10kg消費した場合の材料費は，1,000円（10kg×@100円）となる。

□□ 問題 1 次の①～⑤を直接材料費，間接材料費のいずれかに分類しなさい。

① ボルトやナットなどの補助材料の購入額
② 製薬会社における原薬の消費額
③ 製造用機械に用いる潤滑油の消費額
④ ガソリンを精製するための石油の消費額
⑤ 食料品を製造するために用いる，金額が僅少な各種道具の購入額

□□ 問題 2 以下に記した（1）～（6）は，製造業を営む会社における活動の一部である。これらを次の中から最も正しいと思われる勘定科目を用いて仕訳しなさい。なお，各取引は独立したものである。

現 金	普 通 預 金	当 座 預 金	買 掛 金
未 払 金	材 料	発 送 費	支 払 手 数 料
仕 掛 品	製 造 間 接 費	製 品	売 上 原 価

（1） 製品を製造するために，素材100枚（@5,000円）を出庫した。
（2） 製品の加工のために，ボルト100,000円を消費した。
（3） 材料750,000円を購入し，代金は引取運賃25,000円とともに小切手を振り出して支払った。
（4） 製品を製造するために，材料425,000円を出庫した。なお，このうち25,000円は間接材料である。
（5） 製品を製造するために各種原材料や部品合計500,000円を購入し，代金のうち100,000円は他社振出しの小切手で支払い，残額は当社振出しの小切手で支払った。なお，当社負担の送料7,500円は仕入先の普通預金口座に翌月末までに振り込むこととした。
（6） 製品を製造するために各種原材料・部品合計350,000円を出庫した。なお，このうち50,000円は工場で製品製造のために使用している機械の修繕に用いられた。

解答・解説

問題 1

①	間接材料費	②	直接材料費	③	間接材料費
④	直接材料費	⑤	間接材料費		

① ボルトやネジ等も製品を構成する材料だが，金額が僅少な物品の場合，補助材料となるため間接材料費に分類される。なお，間接材料は購入額をもって消費額とすることもできる。

② 製薬会社における原薬（薬の中に含まれる有効成分）は，どの薬にどれだけ使用したかを把握できるため，直接材料費となる。

③ 機械にさす潤滑油のように，金額が僅少なものは間接材料費となる。

④ 原油はガソリンの唯一の材料であるため，主要材料の消費額として直接材料費に分類される。なお，原油からは多くの石油精製品が生産されるため，実際の原価計算は複雑である。

⑤ 工場で使用する工具や器具について，金額が僅少なものは間接材料費に分類される。

問題 2

	借方科目	金額	貸方科目	金額
（1）	仕 掛 品	500,000	材 料	500,000
（2）	製 造 間 接 費	100,000	材 料	100,000
（3）	材 料	775,000	当 座 預 金	775,000
（4）	仕 掛 品	400,000	材 料	425,000
	製 造 間 接 費	25,000		
（5）	材 料	507,500	現 金	100,000
			当 座 預 金	400,000
			買 掛 金	7,500
（6）	仕 掛 品	300,000	材 料	350,000
	製 造 間 接 費	50,000		

（1）　素材を出庫（＝消費）したときの仕訳である。素材は直接材料費となるため，借方は仕掛品，貸方は材料になる。なお，金額は500,000円（100枚×@5,000円）となる。

（2）　ボルトは間接材料費となるため，消費したときは製造間接費勘定に振り替える。そのため，借方に製造間接費，貸方に材料となる。

（3）　材料の取得に関する仕訳である。引取運賃といった付随費用も取得原価に含める。そのため，借方は材料775,000円（750,000円＋25,000円）となる。なお，代金と引取運賃は小切手を振り出して支払ったため，貸方は当座預金775,000円となる。

（4）　材料費の計上に関する仕訳である。直接材料費は仕掛品へ，間接材料費は製造間接費へ振り替える。

（5）　材料の取得に関する仕訳である。当社負担の送料も取得原価に含めるため，借方は材料507,500円となる。貸方は，支払った代金のうち他社振出しの小切手100,000円は現金，当社振出しの小切手400,000円は当座預金となる。また，当社負担の送料7,500円は，後日に仕入先の普通預金口座に振り込むため，代金を後払いにする掛けの取引であることから，買掛金となる。

（6）　材料の消費に関する仕訳である。様々な原材料や部品を消費したが，帳簿では材料勘定にまとめて記帳する。なお，物品ごとに勘定を設ける場合もあるため，常に材料勘定でまとめて記帳するわけではないことに注意が必要である。この問題では，様々な原材料や部品をまとめた材料勘定が用いられ，材料という資産が消費により減少したことから，貸方は材料350,000円となる。また，このうち50,000円は工作機械の修繕に使用されているため，間接材料費である。したがって，借方のうち50,000円は製造間接費へ振り替え，残りの300,000円は直接材料費として仕掛品へ振り替える。

07

費目別計算
（材料費会計：先入先出法）

Summary

1 材料元帳とは，材料の受払いと残高を管理する帳簿である。材料の受払いがあった都度，日付を記入の上，摘要欄に仕入や出庫等の理由，受入・払出・残高欄に数量・単価・金額を記入する。

2 先入先出法とは，材料費を計算する際に，先に受け入れたものから順次払い出されるという仮定に基づいて，消費額を計算する方法である。例えば，4/1に@100円で仕入れた材料と4/10に@110円で仕入れた材料がある場合，4/1に仕入れた材料から消費されたものとして材料費を計算する。

3 計算・記帳方法：単価の異なる材料がある場合は，先に受け入れたものから順に残高欄に記入し，中括弧でくくる。出庫する際には，先に受け入れたものから順に払出欄に記入する。

材料元帳

日付		摘 要	受入			払出			残高		
			数量	単価	金額	数量	単価	金額	数量	単価	金額
4	1	前月繰越	10	100	1,000				10	100	1,000
	10	仕 入	10	110	1,100				10	100	1,000
									10	110	1,100
	20	出 庫				10	100	1,000	10	110	1,100
	30	次月繰越				10	110	1,100			
			20		2,100	20		2,100			
5	1	前月繰越	10	110	1,100				10	110	1,100

□□ 問題 1 　次の資料に基づき，4月の材料元帳（先入先出法で記帳）を完成しなさい。なお，棚卸減耗は生じていないものとする。

<資料>
4/1 　前月から繰り越された材料は，4,000円（5個×@800円）である。

4/10 　材料16,000円（20個×@800円）を仕入れた。

4/15 　材料5個を出庫した。

4/20 　材料9,050円（10個×@905円）を仕入れた。

4/25 　材料20個を出庫した。

4/30 　月末となったので次月に繰り越した。

□□ 問題 2 　材料元帳に基づき，5月の製造指図書#12の直接材料費を求めなさい。なお，直接材料としてA材料のみを用いている。A材料の月初有高は30個（@400円）である。（　　）は各自で計算すること。

材料元帳

（先入先出法）　　　　　　　　　　　　　A材料　　　　　　　　　　　　　（単位：個）

日付		摘　　要	受入			払出			残高		
			数量	単価	金額	数量	単価	金額	数量	単価	金額
5	1	前月繰越	(　)	(　)	(　)				(　)	(　)	(　)
	10	出庫(#11)				(　)	(　)	(　)	20	(　)	(　)
	15	仕　　入	100	420	42,000				(　)	(　)	(　)
									100	420	42,000
	20	出庫(#12)				(　)	(　)	(　)			
						40	(　)	(　)	60	(　)	(　)
	25	出庫(#13)				30	(　)	(　)	30	(　)	(　)
	31	次月繰越				30	(　)	(　)			
			(　)		(　)						

27

解答・解説

問題 1

材料元帳

日付		摘要	受入			払出			残高		
			数量	単価	金額	数量	単価	金額	数量	単価	金額
4	1	前月繰越	5	800	4,000				5	800	4,000
	10	仕　入	20	800	16,000				25	800	20,000
	15	出　庫				5	800	4,000	20	800	16,000
	20	仕　入	10	905	9,050				20	800	16,000
									10	905	9,050
	25	出　庫				20	800	16,000	10	905	9,050
	30	**次月繰越**				**10**	**905**	**9,050**			
			35		29,050	35		29,050			
5	1	前月繰越	10	905	9,050				10	905	9,050

　前月繰越および材料の仕入は，数量と単価を受入欄に記入する。4月20日は，在庫として残っている材料と仕入れた材料の単価が異なることから，在庫として残っている材料から順に分けて残高欄に記入する。また，4月25日の出庫は，先に仕入れていた@800円の材料から出庫する。

問題 2

24,800円

　製造指図書ごとの直接材料費は，材料元帳から把握する。問題にA材料の月初有高が示されているため，次のように計算し前月繰越の受入欄に記入する。

　　前月繰越のA材料の金額：30個×@400円＝12,000円

　5/10に製造指図書#11のために材料を出庫しているが，5/10の残高欄の数量が20個となっているため，払出欄の数量は10個（30個−20個）と計算される。したがって，製造指図書#11への消費額は次のようになる。

5/10の#11に対する出庫（＝消費）額：10個 × @400円＝4,000円

また，5/15に100個（@420円）を仕入れたため，在庫の20個（@400円）とあわせて120個が残高として記載される。そのとき，単価が異なることから別々に記入し，中括弧でくくっておく。

5/20には製造指図書#12のために材料を出庫しており，出庫後の残高が60個となっているため，先に仕入れていた20個（@400円）と，5/15に仕入れた100個のうち40個（@420円）の合計60個が出庫されたことになる。したがって，製造指図書#12への消費額は次のようになる。

5/20の#12に対する出庫（＝消費）額：
$$20個 × @400円 + 40個 × @420円 = 24,800円$$

5/25以降は@420円の材料のみとなるため，製造指図書#13への消費額は12,600円（30個 × @420円），次月に繰り越される材料は12,600円（30個 × @420円）となる。

材料元帳

			受入			払出			残高		
日付	摘要	数量	単価	金額	数量	単価	金額	数量	単価	金額
5 1	前月繰越	30	400	12,000				30	400	12,000
10	出庫(#11)				10	400	4,000	20	400	8,000
15	仕 入	100	420	42,000				20	400	8,000
								100	420	42,000
20	出庫(#12)				20	400	8,000			
					40	420	16,800	60	420	25,200
25	出庫(#13)				30	420	12,600	30	420	12,600
31	次月繰越				30	420	12,600			
		130		54,000	130		54,000			

（先入先出法）　A材料　（単位：個）

08 費目別計算
（材料費会計：移動平均法）

Summary

1 移動平均法とは，材料を受け入れる都度その数量および金額を在庫として残っている数量および金額に加え，その合計金額を合計数量で除した平均単価を，新しい消費単価とする方法である。例えば，4/1に@100円で仕入れた材料が10個，4/10に@110円で仕入れた材料が10個ある場合，4/10の残高は@105円（（10個×@100円＋10個×@110円）÷（10個＋10個））で仕入れた材料が20個と記入される。

2 計算・記帳方法：材料を受け入れる都度，消費単価を計算して残高欄の単価に記入する。数量欄は在庫の数量と仕入れた数量の合計を記入し，金額欄は在庫の金額と仕入れた金額の合計を記入する。出庫時は直近の残高欄の単価を用い，その単価に出庫した数量を乗じて金額を計算し，払出欄に記入する。そして残高欄にも，この単価を用いて在庫として残っている数量および金額を記入する。

材料元帳

日付		摘　　要	受入			払出			残高		
			数量	単価	金額	数量	単価	金額	数量	単価	金額
4	1	前月繰越	10	100	1,000				10	100	1,000
	10	仕　入	10	110	1,100				20	105	2,100
	20	出　庫				10	105	1,050	10	105	1,050
	30	**次月繰越**				**10**	**105**	**1,050**			
			20		2,100	20		2,100			
5	1	前月繰越	10	105	1,050				10	105	1,050

□□ 問題 1　次の資料に基づいて，4月の材料元帳（移動平均法で記帳）を完成しなさい。なお，棚卸減耗は生じていないものとする。

<資料>
4/1　前月から繰り越された材料は，4,000円（5個×@800円）である。
4/10　材料16,000円（20個×@800円）を仕入れた。
4/15　材料5個を出庫した。
4/20　材料9,050円（10個×@905円）を仕入れた。
4/25　材料20個を出庫した。
4/30　月末となったので次月に繰り越した。

□□ 問題 2　次の材料元帳（移動平均法で記帳）に基づいて，設問に答えなさい。なお，1種類の材料のみを用いて製品を製造している。（　）は各自で計算すること。
（1）　6月の製造指図書#22の直接材料費を求めなさい。
（2）　6月の製造指図書#23の直接材料費を求めなさい。

材料元帳　　　　　　　　　　　（単位：個）

日付		摘　要	受入			払出			残高		
			数量	単価	金額	数量	単価	金額	数量	単価	金額
6	1	前月繰越	30	400	12,000				30	400	12,000
	5	出庫(#21)				10	( )	( )	( )	( )	( )
	10	仕　入	100	430	( )				( )	( )	( )
	15	出庫(#22)				60	( )	( )	( )	( )	( )
	20	仕　入	40	450	( )				( )	( )	( )
	25	出庫(#23)				30	( )	( )	( )	( )	( )
	30	次月繰越				( )	( )	( )			
			( )		( )	( )		( )			

解答・解説

材料元帳

日付		摘　要	受入			払出			残高		
			数量	単価	金額	数量	単価	金額	数量	単価	金額
4	1	前月繰越	5	800	4,000				5	800	4,000
	10	仕　入	20	800	16,000				25	800	20,000
	15	出　庫				5	800	4,000	20	800	16,000
	20	仕　入	10	905	9,050				30	835	25,050
	25	出　庫				20	835	16,700	10	835	8,350
	30	**次月繰越**				**10**	**835**	**8,350**			
			35		29,050	35		29,050			
5	1	前月繰越	10	835	8,350				10	835	8,350

　4/20の仕入では，仕入れる前の在庫の金額16,000円と仕入額9,050円の合計を在庫の数量20個と購入量10個の合計で除して，平均単価835円を求める。4/25はこの単価を用いて消費額の計算を行う。

（1）	25,500円	（2）	13,050円

　6/5に製造指図書#21のために材料を出庫しているが，払出欄の数量は10個のため，消費額は10個×@400円＝4,000円となる。残高欄の数量は20個（30個−10個）となるため，それに@400円を乗じて残高は8,000円となる。

　6/10には単価の異なる100個（@430円）を仕入れていることから，在庫の20個（@400円）との平均単価を次のように求める。

　　　6/10の残高欄の単価：（8,000円＋43,000円）÷（20個＋100個）＝@425円

　また，6/10の残高欄は51,000円（120個×@425円）となる。

6/15に製造指図書#22のために材料60個を出庫しているため，消費額はこの時点での平均単価@425円を使用して計算する。

6/15の#22に対する出庫（＝消費）額：60個×@425円＝25,500円

6/20には単価の異なる40個（@450円）を仕入れており，在庫の60個（@425円）との平均単価を次のように求める。

6/20の残高欄の単価：（25,500円＋18,000円）÷（60個＋40個）＝@435円

そして6/20の残高欄は43,500円（100個×@435円）となる。

6/25に製造指図書#23のために材料30個を出庫しているが，消費額はこの時点の平均単価@435円を使用して次のように計算する。

6/25の#23に対する出庫（＝消費）額：30個×@435円＝13,050円

材料元帳　　　　　　　　　　　　（単位：個）

日付		摘要	受入			払出			残高		
			数量	単価	金額	数量	単価	金額	数量	単価	金額
6	1	前月繰越	30	400	12,000				30	400	12,000
	5	出庫(#21)				10	400	4,000	20	400	8,000
	10	仕　入	100	430	43,000				120	425	51,000
	15	出庫(#22)				60	425	25,500	60	425	25,500
	20	仕　入	40	450	18,000				100	435	43,500
	25	出庫(#23)				30	435	13,050	70	435	30,450
	30	次月繰越				70	435	30,450			
			170		73,000	170		73,000			

09

費目別計算
（材料費会計：総平均法）

Summary

1 総平均法とは，1ヵ月の受入総額（前月繰越額＋当月受入額）をその月の総数量（前月繰越数量＋当月受入数量）で除して平均単価を求め，この平均単価によって出庫した材料の価額および月末材料の価額を算定する方法である。例えば，前月から繰り越された材料（@100円）が10個あり，4/10に材料を10個（@110円）仕入れ，4/25に材料10個（@120円）を仕入れた場合，当月の出庫や月末の残高には，(10個×@100円＋10個×@110円＋10個×@120円)÷30個＝@110円の単価を使用して計算する。

2 計算・記帳方法：月末に，受入欄の総額を総数量で除して単価を計算する。月末の段階で初めて単価が計算されるため，払出欄や残高欄の単価と金額は空欄となる。

材料元帳

日付		摘　要	受入			払出			残高		
			数量	単価	金額	数量	単価	金額	数量	単価	金額
4	1	前月繰越	10	100	1,000				10	100	1,000
	10	仕　入	10	110	1,100				20		
	20	出　庫				10			10		
	25	仕　入	10	120	1,200				20		
	30	次月繰越				20	110	2,200			
			30		3,300	30		3,300			
5	1	前月繰越	20	110	2,200				20	110	2,200

□□ 問題 1 　次の資料に基づき，4月の材料元帳（総平均法で記帳）を完成しなさい。なお，棚卸減耗は生じていないものとする。

<資料>

4/1　前月から繰り越された材料は4,000円（5個×@800円）である。

4/10　材料16,000円（20個×@800円）を仕入れた。

4/15　材料5個を出庫した。

4/20　材料9,050円（10個×@905円）を仕入れた。

4/25　材料20個を出庫した。

4/30　月末となったので次月に繰り越した。

□□ 問題 2 　次の材料元帳（総平均法で記帳）に基づき，7月の製造指図書#31の直接材料費を求めなさい。なお，1種類の材料のみを用いて製品を製造しており，当月の月初有高は30個（@400円）である。また，（　）は各自で計算すること。

材料元帳　　　　　　　　　（単位：個）

日付		摘　要	受入			払出			残高		
			数量	単価	金額	数量	単価	金額	数量	単価	金額
7	1	前月繰越	（　）	（　）	（　）				（　）	（　）	（　）
	5	出庫(#31)				（　）			10		
	10	仕　入	100	（　）	42,000				（　）		
	15	出庫(#32)				60			（　）		
	20	仕　入	40	452	（　）				（　）		
	25	出庫(#33)				30			（　）		
	31	**次月繰越**				（　）	（　）	（　）			
			（　）		（　）				（　）	（　）	（　）
8	1	前月繰越	（　）	（　）	（　）				（　）	（　）	（　）

解答・解説

材料元帳

日付		摘 要	受入			払出			残高		
			数量	単価	金額	数量	単価	金額	数量	単価	金額
4	1	前月繰越	5	800	4,000				5	800	4,000
	10	仕 入	20	800	16,000				25		
	15	出 庫				5			20		
	20	仕 入	10	905	9,050				30		
	25	出 庫				20			10		
	30	次月繰越				10	830	8,300			
			35		29,050	35		29,050			
5	1	前月繰越	10	830	8,300				10	830	8,300

問 題 2

8,480円

　材料元帳は総平均法で記帳されているため，受入欄の総額を総数量で除して単価を計算する。

　まず，資料として与えられている材料の月初有高から，前月繰越の材料の金額を次のように計算し，前月繰越の受入欄に記入する。

　　前月繰越の材料の金額：30個×@400円＝12,000円

　そして，7/20に仕入れた材料40個の金額を計算して記入する。

　　7/20の材料の金額：40個×@452円＝18,080円

　7月中の材料の受入が終わった段階で，受入欄の総額と総数量を集計し，7月の消費単価を計算する。

　　7月の消費単価：
　　　（12,000円＋42,000円＋18,080円）÷（30個＋100個＋40個）＝@424円

7／5の製造指図書＃31に対する材料出庫（＝消費）額は，＠424円の単価を用いて計算する。消費数量は7／1の残高と7／5の残高の差の20個（30個－10個）であり，消費額は次のとおりである。

　7／5の＃31に対する出庫（＝消費）額：20個×＠424円＝8,480円

なお，製造指図書＃32，製造指図書＃33および次月繰越の払出欄の金額も，同様に＠424円を用いて計算する。

材料元帳　　　　　　　　　　　　　　（単位：個）

日付		摘　要	受入			払出			残高		
			数量	単価	金額	数量	単価	金額	数量	単価	金額
7	1	前月繰越	30	400	12,000				30	400	12,000
	5	出庫(#31)				20			10		
	10	仕　入	100	420	42,000				110		
	15	出庫(#32)				60			50		
	20	仕　入	40	452	18,080				90		
	25	出庫(#33)				30			60		
	31	次月繰越				60	424	25,440			
			170		72,080	170		72,080			
8	1	前月繰越	60	424	25,440				60	424	25,440

10 費目別計算
（材料費会計：棚卸減耗）

Summary

1 棚卸減耗とは，紛失・破損・蒸発・目減り等の原因によって生じる材料の数量的な減少をいい，帳簿数量と実際数量との差として把握される。製造活動を行う上で不可避とされる減耗分は，原価性ありとして製造原価（間接経費）に算入する。原価性なしの場合は損益勘定に振り替え，多額かつ臨時的に発生した場合は特別損失として，僅少な場合は営業外費用として処理する。

2 棚卸減耗の把握：材料の消費量は，継続記録法によって計算される。継続記録法とは，材料の受入数量と払出数量を受払いの都度，帳簿に記録することによって，在庫数量の把握を帳簿上可能にする方法である。その上で実地棚卸を行い，帳簿上の在庫数量と実際の在庫数量との差から棚卸減耗が把握される。

3 棚卸減耗の処理：棚卸減耗が把握されたときは，材料勘定の貸方に記入する。原価性ありと認められた棚卸減耗費は，製造間接費勘定の借方に記入する。例えば，材料3個（@100円）が棚卸減耗として把握された場合の仕訳は次のとおりとなる。

（借）	製 造 間 接 費	300	（貸）	材　　　料	300

4 計算方法：棚卸減耗は，帳簿数量と実際数量との差に材料の単価を乗じて計算する。例えば，材料（@110円）の帳簿数量が30個，実際数量が27個であった場合，棚卸減耗費は（30個−27個）×@110円＝330円となる。なお，先入先出法の場合は先に受け入れたものから，移動平均法や総平均法の場合は次月に繰り越される単価で計算される。

□□ 問題 1 次の①～③の棚卸減耗費について，製造原価に含めるか含めないかを示しなさい。
① 毎期発生する程度の材料の減耗分
② 火災によって焼失した材料の減耗分
③ 異常な数量の材料の減耗分

□□ 問題 2 次の資料から，棚卸減耗に関する仕訳をしなさい。

＜資料＞
　材料の月末帳簿数量は500トン，実地棚卸数量は492トンであった（消費単価は35,000円／1トン）。なお，棚卸減耗量は正常な数量である。

□□ 問題 3 下の資料から，（1）材料の払出し，（2）棚卸減耗について，次の中から最も正しいと思われる勘定科目を用いて仕訳しなさい。

| 材　　　　　料　　　仕　掛　品　　　製　造　間　接　費　　　製　　　　　品 |

＜資料＞
　月初数量は300個（@1,300円），当月の仕入数量は1,500個（@1,500円），当月の払出数量は1,550個（すべて直接材料費），月末の実地棚卸数量は240個であった。なお，材料の計算は先入先出法による。また，材料の棚卸減耗量は正常な数量である。

解答・解説

問題 1

①	製造原価に含める	②	製造原価に含めない
③	製造原価に含めない		

① 製造活動を行う上で通常発生する程度の棚卸減耗は，原価性ありとみなされ製造原価に算入される。

② 火災による材料の焼失は，正常な製造活動から生じた棚卸減耗ではなく，原価性は認められないため，製造原価に含めない。

③ 異常な状態を原因とする価値の減少は，製造原価には含めない。

問題 2

借方科目	金額	貸方科目	金額
製 造 間 接 費	280,000	材　　　料	280,000

帳簿数量500トンに対して実際数量は492トンであるため，その差の8トンが棚卸減耗となる。発生額は8トンに消費単価@35,000円を乗じた280,000円となる。仕訳では貸方が材料280,000円，棚卸減耗費は間接経費であるため，借方は製造間接費280,000円となる。

なお，棚卸減耗をまず経費勘定や棚卸減耗費勘定で処理し，その後，製造間接費勘定に振り替える方法もある。

問題 3

	借方科目	金額	貸方科目	金額
(1)	仕　　掛　　品	2,265,000	材　　　料	2,265,000
(2)	製 造 間 接 費	15,000	材　　　料	15,000

（1）　材料の計算には先入先出法を用いているため，当月に払い出された
（消費された）材料1,550個は，前月から繰り越された300個（@1,300円）
と当月仕入れた1,250個（@1,500円）で構成され，次のように計算され
る。

$$300個 \times @1,300円 + 1,250個 \times @1,500円 = 2,265,000円$$

なお，当月の材料消費額は，月初数量と当月購入量の合計から月末
数量と棚卸減耗を差し引いて計算することもできる。
上記の金額を直接材料として払い出した（消費した）仕訳をすると，
借方は仕掛品2,265,000円，貸方は材料2,265,000円となる。

（2）　棚卸減耗は，帳簿棚卸数量と実地棚卸数量の差として計算される。

帳簿棚卸数量＝月初数量＋当月購入数量－当月消費数量
300個＋1,500個－1,550個＝250個
棚卸減耗数量＝帳簿棚卸数量－実地棚卸数量
250個－240個＝10個

この減耗数量10個に月末の材料単価1,500円を乗じた15,000円が，棚
卸減耗費として計上される。棚卸減耗費は間接経費であるため，仕訳
をすると借方に製造間接費15,000円，貸方に材料15,000円となる。
資料の内容を図にすると次のようになる。

材　料

@1,300円 ×300個 ＝390,000円	月初数量 300個	当月消費数量 1,550個	2,265,000円
@1,500円 ×1,500個 ＝2,250,000円	当月購入数量 1,500個	棚卸減耗数量 10個	@1,500円×10個 ＝15,000円
		月末数量 （実地棚卸数量） 240個	@1,500円 ×240個 ＝360,000円

11 費目別計算
（労務費会計：考え方）

Summary

1 労務費とは，製品の製造に関わって発生する原価のうち，労働者による労働用役を消費することで発生する原価であり，製品との関連により直接労務費と間接労務費に区分される。

労務費	直接労務費	直接工賃金（直接作業）
	間接労務費	直接工賃金（間接作業）
		間接工賃金
		給料
		従業員賞与・手当
		退職給付費用
		法定福利費

2 労務費は，報酬の内容により次のように分類される。

基本給：労働用役に対し主たる対価として支払われる金額

加給金：残業手当や危険手当など，作業に関連して支払われる手当

従業員諸手当：手当のうち，加給金に含まれないもの

賞与：給与とは別に特別に支払われる報酬，いわゆるボーナス

※従業員諸手当と賞与を合わせて従業員賞与・手当とすることもある。

退職給付費用：従業員の退職に備えて設定される引当金の繰入額

法定福利費：厚生年金や健康保険などの社会保険料のうち会社が負担する部分

3 従業員に対して賃金が支払われたときは，支払額を賃金勘定の借方に記入する。

（借）賃　　　　金　300,000	（貸）現　金　な　ど　300,000

問題 1 次に示すものは，直接労務費と間接労務費のいずれに分類されるか。

<資料>
（1） 間接工に対する賃金消費額
（2） 工場長に対する賃金消費額
（3） 従業員に対する退職給付費用
（4） 直接工の直接作業に対する賃金消費額
（5） 従業員に対して支払われる賞与・手当
（6） 直接工の間接作業に対する賃金消費額

問題 2 次に示すものは，①直接工に対する基本給，②直接工に対する加給金，③間接工に対する基本給，④間接工に対する加給金，⑤従業員賞与・手当のいずれに分類されるか。

<資料>
（1） 直接工が就業時間内に間接作業に従事した時間に対する賃金支払額
（2） 間接工が就業時間外に間接作業に従事した時間に対する賃金支払額
（3） 直接工に対して支払われた通勤手当
（4） 間接工が就業時間内に間接作業に従事した時間に対する賃金支払額
（5） 直接工に対して支払われた危険手当
（6） 工場長に対して支払われた賞与

問題 3 次の取引について，仕訳を行いなさい。なお，勘定科目は以下の中から最も適切なものを用いること。

賃 金	仕 掛 品	製 造 間 接 費	現 金

（1） 直接工に対し，当月の賃金として620,000円を現金で支払った。
（2） 間接工に対し，当月の賃金として260,000円を現金で支払った。

解答・解説

（1）	間接労務費	（2）	間接労務費	（3）	間接労務費
（4）	直接労務費	（5）	間接労務費	（6）	間接労務費

　直接労務費として計上されるのは，直接工が直接作業に従事した時間に対する賃金消費額のみである。そのため，直接労務費に分類されるのは「直接工の直接作業に対する賃金消費額」のみとなる。それ以外の「間接工に対する賃金消費額」，「工場長に対する賃金消費額」，「従業員に対する退職給付費用」，「従業員に対して支払われる賞与・手当」，「直接工の間接作業に対する賃金消費額」は，すべて間接労務費となる。

（1）	直接工に対する基本給	（2）	間接工に対する加給金
（3）	従業員賞与・手当	（4）	間接工に対する基本給
（5）	直接工に対する加給金	（6）	従業員賞与・手当

　基本給となるものは，就業時間内に行われた製造に関わる作業に対する賃金支払額である。そのため，「直接工が就業時間内に間接作業（製造に関わる作業）に従事した時間に対する賃金支払額」は直接工に対する基本給であり，「間接工が就業時間内に間接作業（製造に関わる作業）に従事した時間に対する賃金支払額」は間接工に対する基本給となる。

　また，手当のうち製品の製造に関わって発生したものは加給金として，それ以外の手当は従業員賞与・手当として区分されることになる。そのため，「間接工が就業時間外に間接作業（製造に関わる作業）に従事した時間に対する賃金支払額」は間接工に対する加給金であり，「直接工に対して支払われた危険手当」は直接工に対する加給金となる。

　なお，工場長に対して支払われた賞与は製品の製造に関わって発生したものではないことから，従業員賞与・手当となる。

	借方科目	金額	貸方科目	金額
(1)	賃　　　金	620,000	現　　　金	620,000
(2)	賃　　　金	260,000	現　　　金	260,000

（1）　直接工に対して賃金を支払っていることから，支払額を賃金勘定の借方に記入するとともに，現金で支払っていることから現金勘定の貸方に記入する。

（2）　間接工に対して賃金を支払っていることから，支払額を賃金勘定の借方に記入するとともに，現金で支払っていることから現金勘定の貸方に記入する。

　　直接工に対する賃金であっても，間接工に対する賃金であっても，賃金の支払に関する取引は同様の仕訳となる。

12 費用別計算
（労務費会計：直接工）

Summary

1 直接工に対する賃金は，直接工の作業内容により直接労務費になるものと間接労務費になるものがある。直接労務費は，当月の消費額を賃金勘定の貸方から仕掛品勘定の借方に振り替える。また間接労務費は，当月の消費額を賃金勘定の貸方から製造間接費勘定の借方に振り替える。

| 直接費の場合 | （借） | 仕 掛 品 | 80,000 | （貸） | 賃 金 | 80,000 |
| 間接費の場合 | （借） | 製 造 間 接 費 | 20,000 | （貸） | 賃 金 | 20,000 |

2 直接工による作業時間のうち，直接労務費になるものは直接的に製品の製造作業に従事した時間に対する賃金消費額のみであり，間接作業に従事した時間などは間接労務費となる。具体的には，製品の加工時間および加工作業のための段取時間は直接労務費として，間接作業時間および手待時間は間接労務費として計上される。なお，賃金の支払対象となるのは就業時間のみであり，休憩時間や私的離脱時間は含まれない。

勤務時間				
就業時間				休憩時間 職場離脱時間
実働時間			手待時間	
直接作業時間		間接作業時間		
段取時間	加工時間			
← 直接労務費 →		← 間接労務費 →		

3 直接工の賃金消費額は，直接工の各作業時間に消費賃率を乗じて算定する。

□□ 問題 1 次の資料に基づいて，直接労務費と間接労務費の金額をそれぞ
れ計算しなさい。

<資料>
○当月の直接工による加工作業は400時間であった。
○当月の直接工による間接作業は120時間であった。
○当月の直接工による手待時間は30時間であった。
○当月の直接工による段取時間は15時間であった。
○当月の直接工による休憩時間は100時間であった。
○当月の実際消費賃率は1,000円／時であった。

□□ 問題 2 次の一連の取引を仕訳しなさい。なお，勘定科目は以下の中か
ら最も適切なものを用いること。

賃　　　　金	仕　掛　品	製 造 間 接 費	現　　　　金

（1）　当月の直接工に対する賃金として，576,000円を現金で支払った。
（2）　当月の直接工による作業時間は，段取時間が30時間，加工時間が
510時間，間接作業時間が85時間，手待時間が15時間，休憩および職
場離脱時間が50時間であった。なお，当月の実際消費賃率は900円／
時であった。

問題 1 ⋯⋯⋯⋯⋯⋯⋯⋯⋯⋯⋯⋯⋯⋯⋯⋯⋯⋯⋯⋯⋯⋯⋯⋯⋯⋯⋯⋯

直接労務費	415,000円
間接労務費	150,000円

勤務時間665時間			
就業時間565時間			休憩時間 100時間
実働時間535時間		手待時間 30時間	
直接作業時間 415時間	間接作業時間 120時間		
段取時間 15時間	加工時間 400時間		
←　　直接労務費　　→		←　　間接労務費　　→	

　直接作業時間となるのは，直接工が加工作業に従事した時間である400
時間と直接工が段取作業に従事した時間の15時間であり，合わせて415時
間となる。そのため，直接作業時間の415時間に実際消費賃率の1,000円／
時を乗じて直接労務費を算定する。

　　直接労務費＝415時間×1,000円／時＝415,000円

　また間接労務費の対象となるのは，直接工が間接作業に従事した時間で
ある120時間と直接工による手待時間の30時間であり，合わせて150時間と
なる。そのため，150時間に実際消費賃率の1,000円／時を乗じて間接労務
費を算定する。

　　間接労務費＝150時間×1,000円／時＝150,000円

　なお，直接工による休憩時間100時間は就業時間ではないことから，賃
金の支払対象とはならない点に注意する。

問題 2

	借方科目	金額	貸方科目	金額
(1)	賃　　　金	576,000	現　　　金	576,000
(2)	仕　掛　品	486,000	賃　　　金	576,000
	製 造 間 接 費	90,000		

（1）　直接工に対して当月の賃金を支払っていることから，支払額を賃金勘定の借方に記入するとともに，現金で支払っていることから現金勘定の貸方に記入する。

（2）　直接工による作業時間のうち，段取時間の30時間と加工時間の510時間を合わせた540時間が当月の直接作業時間となる。そのため，直接労務費は直接作業時間の540時間に実際消費賃率の900円／時を乗じて算定する。

　　　　直接労務費＝540時間×900円／時＝486,000円

　　また直接工による作業時間のうち，間接作業時間の85時間と手待時間の15時間を合わせた100時間が，当月の間接労務費を算定するさいの対象時間となる。そのため，間接労務費は100時間に実際消費賃率の900円／時を乗じて算定する。

　　　　間接労務費＝100時間×900円／時＝90,000円

　　直接労務費は賃金勘定の貸方から仕掛品勘定の借方へ，また間接労務費は賃金勘定の貸方から製造間接費勘定の借方へそれぞれ振り替えることとなる。

　　なお，休憩および職場離脱時間の50時間は就業時間とはならないことから，賃金の支払対象ではない点に注意する。

13

費目別計算
（労務費会計：間接工，事務員）

Summary

1 工場で勤務する清掃工や運搬工などの間接工，および工場長や工場の事務員に対する労務費は，当月の消費額がすべて間接労務費として賃金勘定の貸方から製造間接費勘定の借方に計上される。

（借）	製 造 間 接 費	30,000	（貸）	賃	金	30,000

2 間接工や工場長，工場の事務員に対する労務費は，当月の要支払額が当月の消費額として計上される。なお，支払対象期間と原価計算期間が一致していない場合は，当月支払額から前月未払額を差し引き，当月未払額を加算して当月の要支払額を算定する。

	当月支払額		
前月未払額		当月未払額	
	当月消費額		
月初			月末

3 当月の賃金未払額があるときは，月末に当月の賃金未払額を賃金勘定の借方から未払賃金勘定の貸方に振り替える。なお，翌月の初めには未払賃金勘定の貸方に振り替えた前月の賃金未払額を未払賃金勘定の借方から賃金勘定の貸方に再振替する。

当 月 末	（借）	賃	金	10,000	（貸）	未 払 賃 金	10,000
翌 月 初 め	（借）	未 払 賃 金		10,000	（貸）	賃 金	10,000

□□ |問題| **1** 次の一連の取引を仕訳しなさい。なお，勘定科目は以下の中か
ら最も適切なものを用いること。

| 賃 | 金 | 未 払 賃 金 | 製 造 間 接 費 | 現 | 金 |

（1） 当月の間接工に対する賃金として，320,000円を現金で支払った。

（2） 当月の間接工に対する未払賃金40,000円を未払賃金勘定に振り替え
た。

（3） 当月の間接工に対する賃金消費額を計上した。なお，前月の賃金未
払額は30,000円であった。

（4） 翌月になり，前月の賃金未払額40,000円を再振替した。

□□ |問題| **2** 次の一連の仕訳に基づいて，賃金勘定を完成しなさい。

①	（借）	未 払 賃 金	45,000	（貸）	賃	金	45,000
②	（借）	賃	金	510,000	（貸）	当 座 預 金	510,000
③	（借）	賃	金	38,000	（貸）	未 払 賃 金	38,000
④	（借）	製 造 間 接 費	503,000	（貸）	賃	金	503,000

□□ |問題| **3** 次の資料に基づいて，①当月の賃金消費額と，②当月の賃金未
払額を求めなさい。

（1） 当月の間接工による作業時間は500時間であった。

（2） 当月の実際消費賃率は900円／時であった。

（3） 前月の賃金未払額は38,000円であった。

（4） 当月の間接工に対する賃金支払額は480,000円であった。

51

解答・解説

	借方科目	金額	貸方科目	金額
（1）	賃　　　金	320,000	現　　　金	320,000
（2）	賃　　　金	40,000	未　払　賃　金	40,000
（3）	製　造　間　接　費	330,000	賃　　　金	330,000
（4）	未　払　賃　金	40,000	賃　　　金	40,000

（1）　当月の賃金を支払っていることから，支払額を賃金勘定の借方に記入するとともに，現金で支払っていることから現金勘定の貸方に記入する。

（2）　賃金の未払額は，賃金勘定の借方に記入するとともに未払賃金勘定の貸方に振り替える。

（3）　間接工に対する賃金消費額は，すべて製造間接費に振り替える。そのため，賃金勘定の貸方から製造間接費勘定の借方に消費額を振り替えることとなる。なお，賃金消費額は当月の賃金支払額から前月の賃金未払額を控除し，当月の賃金未払額を加算して求める。

$$320,000円 - 30,000円 + 40,000円 = 当月の賃金消費額330,000円$$

（4）　月末に未払賃金勘定の貸方に計上していた賃金未払額を，翌月の月初に賃金勘定に再振替する仕訳である。そのため，未払賃金勘定の借方から賃金勘定の貸方に振り振り替える。

	賃	金	
当　座　預　金　510,000		未　払　賃　金	45,000
未　払　賃　金　38,000		製　造　間　接　費	503,000
548,000			548,000

①は，前月の賃金未払額を当月の月初に未払賃金勘定の借方から賃金勘定の貸方に再振替したときの仕訳を示している。そのため，賃金勘定の貸方に前月の賃金未払額45,000円が記入される。

②は，小切手を振り出して当月の賃金を支払ったときの仕訳を示している。そのため，賃金勘定の借方に当月の賃金支払額510,000円が記入される。

③は，当月の賃金未払額を当月の月末に賃金勘定の借方から未払賃金勘定の貸方に振り替えたときの仕訳を示している。そのため，賃金勘定の借方に当月の賃金未払額38,000円が記入される。

④は，当月の賃金消費額を賃金勘定の貸方から製造間接費勘定の借方に振り替えたときの仕訳を示している。そのため，賃金勘定の貸方に当月の賃金消費額503,000円が記入される。当月の賃金消費額503,000円は，賃金勘定の借方にある当月の賃金支払額510,000円に当月の賃金未払額38,000円を加えて，貸方にある前月の賃金未払額45,000円を差し引くことで求められる。

問題 3 ....

①	450,000円
②	8,000円

（1）の当月の間接工による作業時間と（2）の当月の実際消費賃率を乗じることにより，当月の賃金消費額が算定される。

500時間×900円／時＝当月の賃金消費額450,000円…①

当月の賃金消費額は，当月の賃金支払額に当月の賃金未払額を加えて，前月の賃金未払額を差し引くことで求められることから，当月の賃金未払額を求めるためには，当月の賃金消費額に前月の賃金未払額を加えて，当月の賃金支払額を差し引くことで求められる。

当月の賃金消費額450,000円＋前月の賃金未払額38,000円
    －当月の賃金支払額480,000円＝当月の賃金未払額8,000円…②

14

費用別計算
（経費会計）

Summary

１ 経費とは，製品の製造に関わって発生する原価のうち，モノを消費する材料費および労働の対価である労務費以外の原価であり，製品との関連により直接経費と間接経費に区分される。

２ 経費の消費額を算定する方法として，次の４つがある。

支払経費：経費の支払額を消費額とする方法

月割経費：発生額について月割計算を行い，１ヵ月あたりの金額を消費額とする方法

測定経費：メーターにより当月の消費量を測定し，料金表などを用いて当月の消費額を算定する方法

発生経費：当月に発生した原価を消費額とする方法

３ 支払経費は，当月に帰属する経費発生額を計上するため，費用の見越し・繰延べ計上が行われる。

当月の支払額に加算	当月未払額	前月前払額
当月の支払額から減算	前月未払額	当月前払額

４ 経費の計上には，発生額を経費勘定に集計し，経費勘定から仕掛品勘定や製造間接費勘定に振り替える方法，経費の諸勘定に計上し，諸勘定から仕掛品勘定や製造間接費勘定に振り替える方法，経費勘定を設けずに仕掛品勘定や製造間接費勘定に直接振り替える方法がある。

経費勘定を用いる	（借）	経　　費	300	（貸）	現　　金	300
	（借）	製造間接費	300	（貸）	経　　費	300
経費の諸勘定を用いる	（借）	通　信　費	300	（貸）	現　　金	300
	（借）	製造間接費	300	（貸）	通　信　費	300
直接振り替える	（借）	製造間接費	300	（貸）	現　　金	180

□□ 問題 1 　次の（1）から（4）に示す経費は，支払経費，月割経費，測定経費，発生経費のいずれに分類されるか。
（1）　旅費交通費
（2）　水道光熱費
（3）　棚卸減耗費
（4）　保険料

□□ 問題 2 　次の（1）から（4）に示す経費について，当月の消費額を算定しなさい。
（1）　電力料：当月支払額45,000円，当月測定額46,000円
（2）　保険料：年額24,000円
（3）　修繕料：当月支払額38,000円，前月未払額2,500円，当月未払額3,200円
（4）　旅費交通費：当月支払額22,000円，前月前払額3,000円，
　　　　　　　　　　当月前払額5,000円

□□ 問題 3 　次の取引について，①経費勘定を用いる場合と，②経費の諸勘定を用いる場合，③製造間接費勘定に直接振り替える場合の仕訳を行ないなさい。なお，勘定科目は次の中から適切なものを選んで用いること。

経　　　費	減価償却費	製造間接費	減価償却累計額

取引：当月分の減価償却費50,000を計上した。

解答・解説

問題 1

（1）	支払経費	（2）	測定経費	（3）	発生経費	（4）	月割経費

（1）　旅費交通費は，支払額を当月消費額として計上するため，支払経費となる。

（2）　水道光熱費は，メーターによる測定を通じて消費額が算定されるため，測定経費となる。

（3）　棚卸減耗費は，棚卸減耗が発生したときに経費として計上されることになるため，発生経費となる。

（4）　保険料は，一般的に複数ヵ月分をまとめて支払うことになるため，支払額を支払月数で除して1ヵ月分を算定することから，月割経費となる。

問題 2

（1）	46,000円	（2）	2,000円	（3）	38,700円	（4）	20,000円

（1）　電力料は測定経費であり，当月支払額は原価計算期間である月初から月末までの1ヵ月間の消費額を表してはいないことから，月初から月末までの1ヵ月間をメーターで測定して消費額を算定する必要がある。そのため，当月測定額の46,000円が当月消費額となる。

（2）　保険料は年額で示されていることから，24,000円を12ヵ月で除して原価計算期間である1ヵ月分を算定する必要がある。そのため，24,000円÷12ヵ月＝2,000円が当月消費額となる。

（3）　修繕料は支払経費であるが，前月未払額と当月未払額が発生していることから，当月支払額38,000円から前月未払額を差し引き，当月未払額を加算することで当月消費額を算定する。そのため，当月消費額は38,000円－2,500円＋3,200円＝38,700円となる。

			当月支払額		
	前月未払額			当月未払額	
			当月消費額		

月初　　　　　　　　　　　　　　　　　　　　　　　　　　　　月末

（4）　旅費交通費は支払経費であるが，前月前払額と当月前払額が発生していることから，当月支払額に前月前払額を加算し，当月前払額を控除して当月消費額を算定する。そのため，当月消費額は22,000円＋3,000円－5,000円＝20,000円となる。

			当月支払額		
	前月前払額			当月前払額	
		当月消費額			

月初　　　　　　　　　　　　　　　　　　　　月末

問題 3 ....

	借方科目	金額	貸方科目	金額
①	経　　　　費	50,000	減価償却累計額	50,000
	製 造 間 接 費	50,000	経　　　　費	50,000
②	減 価 償 却 費	50,000	減価償却累計額	50,000
	製 造 間 接 費	50,000	減 価 償 却 費	50,000
③	製 造 間 接 費	50,000	減価償却累計額	50,000

① 　経費勘定を用いる場合は，当月の消費額を経費勘定に振り替えた上で，経費勘定から仕掛品勘定や製造間接費勘定に振り替えることになる。

② 　経費の諸勘定を用いる場合は，当月の消費額を経費の諸勘定に振り替えた上で，それぞれの諸勘定から仕掛品勘定や製造間接費勘定に振り替えることになる。

③ 　仕掛品勘定や製造間接費勘定に直接計上する場合は，当月の消費額を直接，仕掛品勘定や製造間接費勘定に振り替えることになる。

15 製造間接費の配賦
（金額基準）

Summary

1 製造間接費は，複数の製品を作っている場合や複数の製造工程を経て製品が完成する場合，それらの製品や工程に共通して発生する原価であり，間接材料費，間接労務費，間接経費を合計したものである。

2 製造間接費は，その発生額を各製品に直接的に集計することができないため，何らかの基準に基づいて，各製品に割り振る（配賦する）必要がある。

3 製造間接費の配賦基準には，大きく分けて2つの方法がある。1つは，金額を基準として，製造間接費を各製品に配賦する方法であり，もう1つは生産量や時間といった物量を基準として，製造間接費を各製品に配賦する方法である。

4 金額を基準とする方法には，直接材料費基準，直接労務費基準，素価基準がある。

直接材料費基準	各製品で消費された直接材料費の割合に基づいて，製造間接費を配賦
直接労務費基準	各製品で消費された直接労務費の割合に基づいて，製造間接費を配賦
素価基準	各製品で消費された直接材料費と直接労務費の合計額の割合に基づいて，製造間接費を配賦

5 製造間接費の配賦率および配賦額は次のように算定する。

　　配賦率＝製造間接費÷配賦基準となる金額の当月消費総額

　　配賦額＝配賦率×各製品の配賦基準となる金額の当月消費額

□□ 問題 1 次の資料を参照し，製造間接費400,000円を，直接材料費を基準に各製造指図書に配賦しなさい。

原価計算表　　　　　　　　（単位：円）

摘要＼製造指図書	＃501	＃502	＃503	合計
直接材料費	40,000	96,000	64,000	200,000
製造間接費	(　　　　)	(　　　　)	(　　　　)	(　　　　)

□□ 問題 2 次の資料を参照し，製造間接費720,000円を，直接労務費を基準に各製造指図書に配賦しなさい。

原価計算表　　　　　　　　（単位：円）

摘要＼製造指図書	＃501	＃502	＃503	合計
直接労務費	240,000	216,000	144,000	600,000
製造間接費	(　　　　)	(　　　　)	(　　　　)	(　　　　)

□□ 問題 3 次の資料を参照し，製造間接費1,000,000円を，直接材料費と直接労務費の合計額である素価を基準に各製造指図書に配賦しなさい。

原価計算表　　　　　　　　（単位：円）

摘要＼製造指図書	＃501	＃502	＃503	合計
直接材料費	40,000	96,000	64,000	200,000
直接労務費	240,000	216,000	144,000	600,000
製造間接費	(　　　　)	(　　　　)	(　　　　)	(　　　　)

問題 1 ....

原価計算表 （単位：円）

摘要 ＼ 製造指図書	＃501	＃502	＃503	合計
直接材料費	40,000	96,000	64,000	200,000
製造間接費	(80,000)	(192,000)	(128,000)	(400,000)

　製造間接費を，各製造指図書（製品）が消費した直接材料費の割合に基づいて配賦することから，配賦率と各製品への配賦額は次のようになる。

　　配賦率＝製造間接費400,000円÷直接材料費合計額200,000円

　　　　　＝＠2円

　　＃501への製造間接費配賦額＝＠2円×40,000円＝80,000円

　　＃502への製造間接費配賦額＝＠2円×96,000円＝192,000円

　　＃503への製造間接費配賦額＝＠2円×64,000円＝128,000円

問題 2 ....

原価計算表 （単位：円）

摘要 ＼ 製造指図書	＃501	＃502	＃503	合計
直接労務費	240,000	216,000	144,000	600,000
製造間接費	(288,000)	(259,200)	(172,800)	(720,000)

　製造間接費を，各製造指図書（製品）が消費した直接労務費の割合に基づいて配賦することから，配賦率と各製品への配賦額は次のようになる。

　　配賦率＝製造間接費720,000円÷直接労務費合計額600,000円

　　　　　＝＠1.2円

　　＃501への製造間接費配賦額＝＠1.2円×240,000円＝288,000円

　　＃502への製造間接費配賦額＝＠1.2円×216,000円＝259,200円

　　＃503への製造間接費配賦額＝＠1.2円×144,000円＝172,800円

原価計算表　　　　　　　　　　　（単位：円）

摘要 ＼ 製造指図書	＃501	＃502	＃503	合計
直接材料費	40,000	96,000	64,000	200,000
直接労務費	240,000	216,000	144,000	600,000
製造間接費	（ 350,000 ）	（ 390,000 ）	（ 260,000 ）	（1,000,000）

　製造間接費を，各製造指図書（製品）が消費した素価（直接材料費と直接労務費の合計）の割合に基づいて配賦することから，配賦率と各製品への配賦額は次のようになる。

　　配賦率＝製造間接費1,000,000円÷（直接材料費合計額200,000円
　　　　　　　　＋直接労務費合計額600,000円）
　　　　　＝＠1.25円
　　＃501への製造間接費配賦額＝＠1.25円×（40,000円＋240,000円）
　　　　　　　　　　　　　　　　＝350,000円
　　＃502への製造間接費配賦額＝＠1.25円×（96,000円＋216,000円）
　　　　　　　　　　　　　　　　＝390,000円
　　＃503への製造間接費配賦額＝＠1.25円×（64,000円＋144,000円）
　　　　　　　　　　　　　　　　＝260,000円

16 製造間接費の配賦
(物量基準)

Summary

1 製造間接費の配賦基準として物量を用いる方法では，生産量や時間などが配賦基準となる。

2 生産量を配賦基準とする方法は，製品原価の正確な計算という原価計算の目的に基づき，製造工程が単純かつ１種類の製品のみを生産するような時に用いられる。生産量を配賦基準とするときは，配賦率および配賦額を次のように算定する。

生産量基準	各製品の生産量の割合に基づいて，製造間接費を配賦

配賦率＝製造間接費÷全体の生産量
配賦額＝配賦率×各製品の生産量

3 時間を配賦基準とする方法は幅広く用いられており，機械作業や直接工による直接作業の割合に応じて製造間接費を各製品に配分する。

4 配賦基準として用いられる時間には，直接作業時間や機械作業時間がある。

直接作業時間基準	各製品の製造に要した直接作業時間の割合に基づいて，製造間接費を配賦
機械作業時間基準	各製品の製造に要した機械の運転時間の割合に基づいて，製造間接費を配賦

5 時間を配賦基準とするときの製造間接費の配賦率および配賦額は次のように算定する。

配賦率＝製造間接費÷配賦基準となる時間の当月消費量
配賦額＝配賦率×各製品の配賦基準となる時間の当月消費量

□□ **問題 1** 当月に製造された製品の数量は次のとおりである。当月の製造間接費実際発生額1,200,000円について，当月の生産量を基準として各製造指図書に配賦しなさい。

<資料>

製造指図書	#201	#202	#203
当月生産量	150個	450個	200個

□□ **問題 2** 各製品の当月機械作業時間は次のとおりであった。当月の製造間接費実際発生額1,100,000円について，当月の機械作業時間を基準として各製造指図書に配賦しなさい。

<資料>

製造指図書	機械作業時間
#201	200時間
#202	300時間
#203	500時間

□□ **問題 3** 当月の直接工による作業時間の内訳は次のとおりであった。当月の製造間接費実際発生額1,170,000円について，当月の直接作業時間を基準として各製造指図書に配賦しなさい。

<資料>

製造指図書	直接作業時間	間接作業時間	作業時間合計
#201	100時間		
#202	240時間	60時間	560時間
#203	160時間		

解答・解説

·····

原価計算表 （単位：円）

摘要＼製造指図書	＃201	＃202	＃203	合計
製造間接費	(225,000)	(675,000)	(300,000)	(1,200,000)

　製造間接費を，各製造指図書（製品）における生産量の割合に基づいて配賦することから，配賦率と各製品への配賦額は次のようになる。

　　生産量の合計＝150個＋450個＋200個＝800個

　　配賦率＝製造間接費1,200,000円÷当月の総生産量800個

　　　　　＝@1,500円

　　＃201への製造間接費配賦額＝@1,500円×150個＝225,000円

　　＃202への製造間接費配賦額＝@1,500円×450個＝675,000円

　　＃203への製造間接費配賦額＝@1,500円×200個＝300,000円

問題 2 ·····

原価計算表 （単位：円）

摘要＼製造指図書	＃201	＃202	＃203	合計
製造間接費	(220,000)	(330,000)	(550,000)	(1,100,000)

　製造間接費を，各製造指図書（製品）における機械作業時間の割合に基づいて配賦することから，配賦率と各製品への配賦額は次のようになる。

　　機械作業時間の合計＝200時間＋300時間＋500時間＝1,000時間

　　配賦率＝製造間接費1,100,000円÷当月の総機械作業時間1,000時間

　　　　　＝@1,100円

　　＃201への製造間接費配賦額＝@1,100円×200時間＝220,000円

　　＃202への製造間接費配賦額＝@1,100円×300時間＝330,000円

　　＃203への製造間接費配賦額＝@1,100円×500時間＝550,000円

	原価計算表			（単位：円）
製造指図書 摘要	#201	#202	#203	合計
製造間接費	（ 234,000 ）	（ 561,600 ）	（ 374,400 ）	（1,170,000）

　製造間接費を，各製造指図書（製品）における直接作業時間の割合に基づいて配賦することから，配賦率と各製品への配賦額は次のようになる。そのとき，間接作業時間は考慮しない点に注意する。

　　　直接作業時間の合計＝100時間＋240時間＋160時間＝500時間

　　　配賦率＝製造間接費1,170,000円÷当月の総直接作業時間500時間

　　　　　＝＠2,340円

　　　#201への製造間接費配賦額＝＠2,340円×100時間＝234,000円

　　　#202への製造間接費配賦額＝＠2,340円×240時間＝561,600円

　　　#203への製造間接費配賦額＝＠2,340円×160時間＝374,400円

17 製造間接費の実際配賦
（仕訳）

Summary

1 間接材料費や間接労務費，間接経費は，製品に対して直接的に金額を跡づけることができないため，製造間接費として集計される。例えば補助材料費や工場消耗品費などの間接材料費は，材料勘定の貸方から製造間接費勘定の借方に振り替える。

（借）　製 造 間 接 費	1,000	（貸）　材　　　　料	1,000

2 直接工の間接作業時間に対する賃金や間接工賃金などの間接労務費は，賃金勘定の貸方から製造間接費勘定の借方に振り替える。

（借）　製 造 間 接 費	1,500	（貸）　賃　　　　金	1,500

3 電力料や減価償却費などの間接経費は，経費勘定の貸方から製造間接費勘定の借方に振り替える。なお，経費については経費勘定を通さずに発生額をそのまま製造間接費勘定に振り替えることもある。

（借）　製 造 間 接 費	500	（貸）　経　　　　費	500

4 集計された製造間接費は，何らかの配賦基準によって各製品へと配分される。そのとき，各製品に配賦された金額が製造間接費勘定の貸方から仕掛品勘定の借方に振り替えられる。

（借）　仕　掛　品	3,000	（貸）　製 造 間 接 費	3,000

製造間接費勘定

各勘定から→ | 実際発生額 | 実際配賦額 | →仕掛品勘定へ

□□ **問題 1** 下に示した（1）〜（4）の取引について、次の中から最も正しいと思われる勘定科目を用いて仕訳しなさい。

| 製 造 間 接 費 | 材 料 | 賃 金 | 仕 掛 品 |

（1） 工作機械の修繕のために、材料3,200円を出庫した。

（2） 当月の直接工による作業時間のうち、間接作業時間は20時間、手待時間は5時間であった。なお、実際消費賃率は1,400円／時間である。

（3） 当月の間接工に対する賃金消費額を計上した。なお、当月の間接工に対する賃金支払額は260,000円、前月未払額は40,000円、当月未払額は50,000円であった。

（4） 当月の製造間接費実際発生額628,000円を各製品に配賦した。

□□ **問題 2** 下に示した（1）〜（4）の取引について、次の中から最も正しいと思われる勘定科目を用いて仕訳しなさい。

| 仕 掛 品 | 材 料 | 賃 金 |
| 製 造 間 接 費 | 電 力 料 | |

（1） 材料5,200円を出庫した。出庫した材料のうち、4,200円は製品を製造するために消費され、残りは補助材料として消費された。

（2） 当月の直接工による作業時間のうち、段取時間は5時間、直接作業時間は40時間、間接作業時間は13時間、手待時間は2時間であった。なお、実際消費賃率は1,000円／時間である。

（3） 当月の電力料消費額を計上した。なお、当月の測定額は2,500円、当月の支払額は2,400円であった。

（4） 当月の製造間接費実際発生額800,000円を各製品に配賦した。

解答・解説

問題 1 ....

	借方科目	金額	貸方科目	金額
（1）	製 造 間 接 費	3,200	材　　　　　料	3,200
（2）	製 造 間 接 費	35,000	賃　　　　　金	35,000
（3）	製 造 間 接 費	270,000	賃　　　　　金	270,000
（4）	仕　　掛　　品	628,000	製 造 間 接 費	628,000

（1）　工作機械の修繕に用いられた材料は，製品を製造するために消費された
ものではないため間接材料費となる。そのため，消費額を材料勘
定の貸方から製造間接費勘定の借方に振り替える。

（2）　直接工の作業時間であっても，製品と直接的な関わりのない間接作
業に従事した間接作業時間や，製造ラインの一時停止などによりスタ
ンバイ状態で待機していた手待時間については，間接労務費となる。
そのため，消費額を賃金勘定の貸方から製造間接費勘定の借方に振り
替える。そのさい，実際消費額は間接作業時間と手待時間の合計に実
際消費賃率を乗じて計算する。

　　　消費額＝20時間＋5時間×@1,400円＝35,000円

（3）　間接工が作業に従事した時間は，すべて間接労務費となる。そのた
め，消費額を賃金勘定の貸方から製造間接費勘定の借方に振り替える。
なお，間接工に対する賃金支払額の算定期間と原価計算期間にズレが
生じている場合は，前月未払額を当月支払額から減算し，当月未払額
を当月支払額に加算することで，原価計算期間における消費額を算定
する。

　　　当月消費額＝当月支払額260,000円－前月未払額40,000円

　　　　　　　　　＋当月未払額50,000円＝270,000円

（4） 製造間接費の実際配賦を行っている場合，当月の製造間接費実際発生額を何らかの配賦基準を用いて各製品に配賦する。ただし，仕訳上は製造間接費の実際発生額を製造間接費勘定の貸方から仕掛品勘定の借方に振り替えることになる。

問題 2 ···

	借方科目	金額	貸方科目	金額
（1）	仕　　掛　　品	4,200	材　　　　料	5,200
	製 造 間 接 費	1,000		
（2）	仕　　掛　　品	45,000	賃　　　　金	60,000
	製 造 間 接 費	15,000		
（3）	製 造 間 接 費	2,500	電　　力　　料	2,500
（4）	仕　　掛　　品	800,000	製 造 間 接 費	800,000

（1） 製品を製造するために消費された材料は直接材料費として仕掛品勘定の借方に，補助材料として消費された材料は間接材料費として製造間接費勘定の借方にそれぞれ振り替える。

（2） 直接工の作業時間のうち，製造準備の時間である段取時間と直接作業時間は直接労務費として仕掛品勘定の借方に，間接作業時間や手待時間は間接労務費として製造間接費勘定の借方にそれぞれ振り替える。

$$直接労務費＝段取時間 5 時間＋直接作業時間40時間 × @1,000円$$
$$＝45,000円$$

$$間接労務費＝間接作業時間13時間＋手待時間 2 時間 × @1,000円$$
$$＝15,000円$$

（3） 当月の電力料消費額は間接経費として，製造間接費勘定の借方に振り替える。なお，電力料は測定経費であるため，当月の支払額ではなく当月の測定額が当月の消費額となる点に注意が必要である。

（4） 製造間接費を配賦したときは，製造間接費勘定の貸方から仕掛品勘定の借方に振り替える。

18 個別原価計算
（基本的な考え方と原価計算表の作成）

Summary

1 個別原価計算とは，顧客の注文ごとに製造指図書を発行し，製造指図書ごとに製品原価を集計する製品別原価計算の方法である。受注生産のように，顧客の注文内容により仕様が異なるため，個別に製品原価を算定する必要がある場合に用いられる。

2 製造指図書ごとの製品原価は，原価計算表を用いて記入・計算が行われる。原価計算表には，製造指図書ごとに月初仕掛品原価，直接材料費，直接労務費，直接経費，製造間接費の金額が記入，集計される。

3 個別原価計算では製造指図書ごとに原価を集計するため，各製造指図書の製品がそれぞれ完成または未完成（仕掛中）なのか，また各製造指図書の原価がいくらなのかについて，原価計算表から把握することができる。

原価計算表　　　　　　　　　　（単位：円）

摘要　＼　製造指図書	#1	#2	#3	合計
月 初 仕 掛 品 原 価	1,000	——	——	1,000
直 接 材 料 費	2,000	4,000	3,000	9,000
直 接 労 務 費	4,000	5,000	3,000	12,000
製 造 間 接 費	5,000	8,000	4,000	17,000
合 計	12,000	17,000	10,000	39,000
備 考	完成	完成	仕掛中	

□□ 問題 **1** 次の資料に基づいて，原価計算表を作成しなさい。

1．当月の月初有高は，次のとおりである。

仕掛品（#401）：50,000円

2．当月の各製造指図書に関する原価資料は，次のとおりである。

製造指図書	直接材料費	直接労務費	製造間接費
#401	38,000円	64,000円	77,000円
#402	53,000円	82,000円	102,000円
#403	47,000円	75,000円	93,000円

3．当月中に製造に従事した製品に関する情報は次のとおりである。

製造指図書#401：完成

製造指図書#402：完成

製造指図書#403：未完成

□□ 問題 **2** 次の資料に基づいて，原価計算表を作成しなさい。

1．当月の月初有高は，次のとおりである。

仕掛品（#11）：100,000円

2．当月の直接材料費と直接労務費に関する資料は，次のとおりである。

製造指図書	#11	#12	#13
直接材料費	20,000円	70,000円	45,000円
直接労務費	45,000円	95,000円	30,000円

3．製造間接費は直接作業時間に基づいて各製品に実際配賦しており，当
月の製造間接費実際発生額は270,000円，各製造指図書の直接作業時間
は次のとおりであった。

製造指図書	#11	#12	#13
直接作業時間	40時間	140時間	90時間

4．製造指図書#11と製造指図書#12は当月中に完成し，製造指図書#13
は当月未完成である。

解答・解説

問題 1

原価計算表　　　　　　　　　　　　　　（単位：円）

摘要 ＼ 製造指図書	＃401	＃402	＃403	合計
月 初 仕 掛 品 原 価	50,000	——	——	50,000
直 接 材 料 費	38,000	53,000	47,000	138,000
直 接 労 務 費	64,000	82,000	75,000	221,000
製 造 間 接 費	77,000	102,000	93,000	272,000
合 計	229,000	237,000	215,000	681,000
備 考	完成	完成	仕掛中	

　　月初仕掛品原価は＃401に関するものであることから，原価計算表では
＃401の月初仕掛品原価の欄に記入する。直接材料費，直接労務費，製造
間接費についても，各製造指図書の直接材料費，直接労務費，製造間接費
の欄にそれぞれ金額を記入する。このとき，資料と原価計算表の記入箇所
が縦と横で入れ替わっていることから，注意が必要である。

　　備考欄には，各製造指図書の製品が完成，あるいは未完成で仕掛中なの
かについて記入する。

問題 2

原価計算表　　　　　　　　　　　　　　（単位：円）

摘要 ＼ 製造指図書	＃11	＃12	＃13	合計
月 初 仕 掛 品 原 価	100,000	——	——	100,000
直 接 材 料 費	20,000	70,000	45,000	135,000
直 接 労 務 費	45,000	95,000	30,000	170,000
製 造 間 接 費	40,000	140,000	90,000	270,000
合 計	205,000	305,000	165,000	675,000
備 考	完成	完成	仕掛中	

月初仕掛品原価は＃11に関するものであることから，原価計算表では＃11の月初仕掛品原価の欄に記入する。

　直接材料費，直接労務費についても，各製造指図書の直接材料費，直接労務費の欄にそれぞれ金額を記入する。

　製造間接費については，実際発生額270,000円を直接作業時間に基づいて各製造指図書に配賦する。

　　総直接作業時間＝40時間（＃11）＋140時間（＃12）＋90時間（＃13）
　　　　　　　　　＝270時間

　　配賦率＝270,000円÷270時間＝1,000円／時

　　各製品に対する配賦額：

　　　製造指図書＃11：1,000円／時×40時間＝40,000円

　　　製造指図書＃12：1,000円／時×140時間＝140,000円

　　　製造指図書＃13：1,000円／時×90時間＝90,000円

　備考欄には，各製造指図書の製品が完成しているのか，未完成で仕掛中なのかについて記入する。

19 個別原価計算
（勘定の流れ：仕訳と転記）

Summary

1 仕掛品勘定の借方には，前月に未完成となり当月に繰り越された月初仕掛品原価が前月繰越（イ）として，また当月に製品を製造するために消費した直接材料費（ロ），当月の直接作業時間に対する賃金消費額（ハ），当月に各製品に振り替えた製造間接費配賦額（ニ）が記入される。

2 仕掛品勘定の貸方には，当月に完成した製品の原価（ホ），当月に未完成となり，次月に繰り越された仕掛品の原価（ヘ）が記入される。

3 製品勘定の借方には，前月に顧客に引き渡されず在庫として残っている製品が前月繰越（ト）として，また当月に完成し仕掛品勘定から振り替えた完成品の原価（ホ）が記入される。そして製品勘定の貸方には，当月に販売し顧客に引き渡した製品の原価（チ）および月末に顧客に引き渡されず在庫として残った製品（リ）が記入される。

仕　掛　品

前 月 繰 越	（イ）	製　　　　品	（ホ）
材　　　　料	（ロ）	次 月 繰 越	（ヘ）
賃　　　　金	（ハ）		
製 造 間 接 費	（ニ）		

製　　　品

前 月 繰 越	（ト）	売 上 原 価	（チ）
仕　　掛　　品	（ホ）	次 月 繰 越	（リ）

□□ **問題 1**　次のア～エは，以下に示した勘定の空欄①～④のいずれに入るのが最も適当か。ア～エの記号で答えなさい。

ア．月末に仕掛中の製品原価

イ．当月の製造間接費実際配賦額

ウ．直接工が段取作業に従事した時間に対する賃金消費額

エ．前月から繰り越されてきた未完成品の原価

仕　掛　品

前 月 繰 越	①	製　　　品	
材　　　料		次 月 繰 越	④
賃　　　金	②		
製 造 間 接 費	③		

□□ **問題 2**　次のア～オは，以下に示した勘定の空欄①～⑤のいずれに入るのが最も適当か。ア～オの記号で答えなさい。

ア．当月に完成となった製品の原価

イ．直接作業時間に対する賃金消費額

ウ．当月に顧客に引き渡した製品の原価

エ．製品を製造するために消費された原料の金額

オ．当月に未完成の製品に対する原価

仕　掛　品

前 月 繰 越		製　　　品	③
材　　　料	①	次 月 繰 越	④
賃　　　金	②		
製 造 間 接 費			

製　　品

前 月 繰 越		売 上 原 価	⑤
仕　掛　品	③	次 月 繰 越	

解答・解説

....

①	エ	②	ウ	③	イ	④	ア

　①は，仕掛品勘定の前月繰越の金額を指している。これは，前月に製造に着手したものの，前月末の段階で未完成のまま当月に繰り越された金額を示している。したがって，「エ．前月から繰り越されてきた未完成品の原価」となる。

　②は，仕掛品勘定の借方にある賃金の金額を表している。これは，賃金勘定の貸方から仕掛品勘定に借方に振り替えられた金額であることを意味しており，賃金が直接労務費として消費されたことを指している。選択肢の中で直接労務費を表しているのは直接工の段取作業に対する賃金消費額であることから，ここでは「ウ．直接工が段取作業に従事した時間に対する賃金消費額」となる。

　③は，仕掛品勘定の借方にある製造間接費の金額を表している。これは，製造間接費が何らかの配賦基準に基づいて各製品に配分され，仕掛品勘定に振り替えられた実際発生額を指している。したがって，ここでは「イ．当月の製造間接費実際発生額」となる。

　④は，仕掛品勘定の貸方にある次月繰越の金額を表している。これは，当月末に製造中の製品が未完成のまま月末を迎えて次月に繰り越される金額を表している。したがって，ここでは「ア．月末に仕掛中の製品原価」となる。

問題 2 ....

①	エ	②	イ	③	ア	④	オ	⑤	ウ

　①は，仕掛品勘定の借方にある材料の金額を指している。これは，材料勘定の貸方から仕掛品勘定の借方に振り替えられた金額であることを意味

しており，材料が直接材料費として消費されたことを指している。選択肢の中で直接材料費を表しているのは製品を製造するために消費された材料の金額であることから，ここでは「エ．製品を製造するために消費された原料の金額」となる。

②は，仕掛品勘定の借方にある賃金の金額を表している。これは，賃金勘定の貸方から仕掛品勘定に借方に振り替えられた金額であることを意味しており，賃金が直接労務費として消費されたことを指している。選択肢の中で直接労務費を表しているのは直接工の直接作業に対する賃金消費額であることから，ここでは「イ．直接作業時間に対する賃金消費額」となる。

③は，仕掛品勘定の貸方にある製品の金額と，製品勘定の借方にある仕掛品の金額を表している。これは，当月に製品が完成し，完成品原価が仕掛品勘定の貸方から製品勘定の借方に振り替えられたことを意味している。したがって，ここでは「ア．当月に完成となった製品の原価」となる。

④は，仕掛品勘定の貸方にある次月繰越の金額を表している。これは，当月末に製造中の製品が未完成のまま月末を迎えて次月に繰り越される金額を意味している。したがって，ここでは「オ．当月に未完成の製品に対する原価」となる。

⑤は，製品勘定の貸方にある売上原価の金額を表している。これは，当月に製品が顧客に引き渡され，販売された製品の売上原価が製品勘定の貸方から売上原価勘定の借方に振り替えられたことを意味している。したがって，ここでは「ウ．当月に顧客に引き渡した製品の原価」となる。

20 総合原価計算
（基本的な考え方：直接材料費と加工費）

Summary

1 総合原価計算は，まったく同じ規格の製品を大量に生産する場合に適した原価計算の方法である。同じ規格の製品の原価を個別に計算するのは非効率であるため，1ヵ月間に生じた原価を集計し，その期間中に生産した製品の個数で割ることで，製品1個あたりの製品原価を求める。

個別原価計算	種類	総合原価計算
規格の異なる製品を個別に生産する場合に適している	特徴	同じ規格の製品を大量に生産する場合に適している

2 総合原価計算では，製造原価を次のように材料費と加工費に分類して計算する。

形態別分類	個別原価計算の分類	総合原価計算の分類
材料費	直接材料費	材料費
	間接材料費	
労務費	直接労務費	加工費
	間接労務費	
経　費	直接材料費	
	間接材料費	

材料費：直接材料費を指す。通常，製造工程の始点で投入される。

加工費：直接材料費以外の製造原価を指す。工程の進捗度に応じて順次投入される。

□□ 問題 当社は同一規格の製品を大量生産しており，総合原価計算を採用している。次の中から最も正しいと思われる勘定科目を用いて以下の取引を仕訳し，各勘定に転記しなさい。

材 料	賃 金	仕 掛 品	加 工 費
買 掛 金	現 金	経 費	当 座 預 金
製 品	売 掛 金	売 上	売 上 原 価
月 次 損 益			

（1） 材料700円を掛けで購入した。

（2） 賃金300円を現金で支払った。

（3） 経費100円を，小切手を振り出して支払った。

（4） 製品を製造するために直接材料500円を投入した。

（5） 直接材料を加工する過程で，間接材料200円，賃金300円，経費100円を消費した。

（6） 加工費600円を仕掛品勘定に振り替えた。

（7） 当月中に製品1,000円が完成したので製品勘定に振り替えた。

（8） 上記製品を1,200円で掛け販売した。

（9） 売上高および売上原価を月次損益勘定に振り替えた。

解答・解説

	借方科目	金額	貸方科目	金額
(1)	材　　　　料	700	買　掛　金	700
(2)	賃　　　　金	300	現　　　金	300
(3)	経　　　　費	100	当　座　預　金	100
(4)	仕　掛　品	500	材　　　料	500
(5)	加　工　費	600	材　　　料	200
			賃　　　金	300
			経　　　費	100
(6)	仕　掛　品	600	加　工　費	600
(7)	製　　　　品	1,000	仕　掛　品	1,000
(8)	売　掛　金	1,200	売　　　上	1,200
	売　上　原　価	1,000	製　　　品	1,000
(9)	売　　　　上	1,200	月　次　損　益	1,200
	月　次　損　益	1,000	売　上　原　価	1,000

（1） 材料を掛けで購入した場合，買掛金勘定を用いる。

（3） 自己振出の小切手の場合，当座預金勘定を用いる。

（4） 製品を製造するための原料としての材料の消費（直接材料費）であ
るため，仕掛品勘定へ振り替える。

（5） 間接材料費，労務費，経費は加工費勘定へ振り替える。

（6） 加工費は適当な基準で各製品に配賦され，仕掛品勘定へ振り替える。

（7） 製品が完成したとき，完成品の製造原価を製品勘定に振り替える。

（8） 製品を販売したとき，売上の計上とともに売上原価の計上も行う。

（9） 計上された売上と売上原価は，月末に月次損益勘定に振り替える。

材　　料

(借)	買　掛　金	700	(貸)	仕　掛　品	500
				加　工　費	200

賃　　金

(借)	現　　金	300	(貸)	加　工　費	300

経　　費

(借)	当　座　預　金	100	(貸)	加　工　費	100

仕　掛　品

(借)	材　　料	500	(貸)	製　　品	1,000
	加　工　費	600			

差額は月末仕掛品となり，次月に繰り越される。

加　工　費

(借)	材　　料	200	(貸)	仕　掛　品	600
	賃　　金	300			
	経　　費	100			

製　　品

(借)	仕　掛　品	1,000	(貸)	売　上　原　価	1,000

売　上　原　価

(借)	製　　品	1,000	(貸)	月　次　損　益	1,000

売　　上

(借)	月　次　損　益	1,200	(貸)	売　掛　金	1,200

月　次　損　益

(借)	売　上　原　価	1,000	(貸)	売　　上	1,200

売上から売上原価を差し引いて，当期純利益が算定される。

21 総合原価計算
（基本的な考え方：進捗度の概念）

Summary

1 総合原価計算を採用する場合，直接材料費は通常，製造工程の始点で投入され，直接材料費以外の加工費（間接材料費，労務費，経費）は工程の仕上り程度に応じて順次投入される。

2 始点で投入される直接材料費は，完成した製品であっても未完成の仕掛品であっても，工程の仕上り程度に関係なく原価は100%発生する。

```
                                                        100%
┌──────────────────────────────────────────────────────┐
│                                                        │
└──────────────────────────────────────────────────────┘
始点                                                   終点
```

3 工程の仕上り程度に応じて投入される加工費（間接材料費，労務費，経費）は，始点を仕上り程度0%，完成品を仕上り程度100%として段階的に発生するため，数量×仕上り程度＝完成品換算数量で配分する。

```
                                                        100%
                                            _____
                              _____
                _____
始点                                                   終点
```

仕掛品＜材料費＞

当月製造費用 （当月投入数量）	当月完成品原価 （当月完成品数量）
	月末仕掛品原価 （月末仕掛品数量）

仕掛品＜加工費＞

当月製造費用 （当月投入数量）	当月完成品原価 （当月完成品数量）
	月末仕掛品原価 （月末数量×仕上り程度）

□□ 問題 **1** 次の資料を参照し，月末仕掛品原価，当月完成品総合原価，当月完成品単位原価を求めなさい。

<生産データ> <原価データ>

月初仕掛品： 0個 月初仕掛品原価

当月投入量：100個 材料費： 0円

当月完成品：100個 加工費： 0円

月末仕掛品： 0個 当月製造費用

材料費：15,000円

加工費：15,000円

なお，材料は始点ですべて投入される。

□□ 問題 **2** 次の資料を参照し，月末仕掛品原価，当月完成品総合原価，完成品単位原価を求めなさい。

<生産データ> <原価データ>

月初仕掛品： 0個 月初仕掛品原価

当月投入量：100個 材料費： 0円

当月完成品： 50個 加工費： 0円

月末仕掛品： 50個 当月製造費用

（仕上り程度：50%） 材料費：15,000円

加工費：15,000円

なお，材料は始点ですべて投入される。

解答・解説

問題 1

月初仕掛品も月末仕掛品もないケース

月末仕掛品原価	0円	当月完成品総合原価	30,000円
当月完成品単位原価	@300円		

　月初仕掛品も月末仕掛品もないときは，当月投入した分がすべて当月完成品となる。よって，当月完成品の材料費は15,000円となる。

仕掛品＜材料費＞

当月投入100個 15,000円	当月完成品100個 15,000円

　加工費においても月末仕掛品がなく，当月投入分がすべて当月完成品となる。よって，当月完成品の加工費は15,000円となる。

仕掛品＜加工費＞

当月投入100個 15,000円	当月完成品100個 15,000円

　その結果，月末仕掛品原価は0円，当月完成品総合原価は材料費15,000円＋加工費15,000円＝30,000円，当月完成品単位原価は30,000円÷100個＝@300円となる。

問題 2

月末仕掛品があるケース

月末仕掛品原価	12,500円	当月完成品総合原価	17,500円
当月完成品単位原価	@350円		

　月末仕掛品があるときは，当月投入した原価を当月完成品と月末仕掛品とに分ける必要がある。その場合，当月投入した材料費は数量の割合で当月完成品と月末仕掛品とに分ける。

仕掛品＜材料費＞

当月投入100個 15,000円	当月完成品50個 7,500円
	月末仕掛品50個 7,500円

月末仕掛品の材料費は15,000円÷（当月完成品50個＋月末仕掛品50個）×月末仕掛品50個＝7,500円となり，当月完成品の材料費は当月投入分15,000円－月末仕掛品の材料費7,500円＝7,500円となる。

仕掛品＜加工費＞

| 当月投入75個
15,000円 | 当月完成品50個
10,000円 |
| | 月末仕掛品50個×50％＝25個
5,000円 |

当月投入した加工費は，完成品換算数量の割合で当月完成品と月末仕掛品とに分ける。月末仕掛品の完成品換算量は数量×仕上り程度＝50個×50％＝25個となるため，月末仕掛品の加工費は15,000円÷（完成品50個＋月末仕掛品の完成品換算数量25個）×月末仕掛品の完成品換算数量25個＝5,000円となり，当月完成品の加工費は当月投入分15,000円－月末仕掛品の加工費5,000円＝10,000円となる。

その結果，月末仕掛品原価は材料費7,500円＋加工費5,000円＝12,500円，当月完成品総合原価は材料費7,500円＋加工費10,000円＝17,500円，当月完成品単位原価は17,500円÷50個＝@350円となる。

なお，加工費の仕掛品は完成品換算数量となるため，当月投入数量は完成品50個＋月末仕掛品の完成品換算数量25個＝75個となる。

また，当月完成品と月末仕掛品の配分計算を行う際，材料費は数量で分け，加工費は完成品換算数量で分けることから，仕掛品のボックス図は材料費と加工費を分けて書くのが望ましい。ただし，慣れてきたら以下のようにひとつにまとめて書くこともできる。その場合，加工費のデータには（　）を付けて材料費のデータとの見分けがつくようにするとよい。

仕掛品

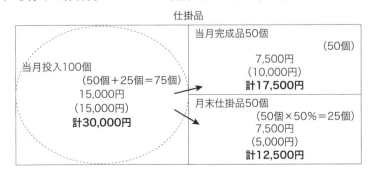

22 総合原価計算
（平均法）

Summary

1 前月末に仕掛品が残っていた場合，当月は月初仕掛品が存在する。その場合，月初仕掛品原価と当月製造費用をどのように配分するかによって，月末仕掛品原価や当月完成品原価が変化する。原価配分の方法には，平均法と先入先出法の2つがある。

2 平均法（AM：Average Method）：月初仕掛品と当月投入分の合計から平均的に製品が完成する，という仮定に基づいて月末仕掛品原価と当月完成品原価を計算する方法である。

仕掛品＜材料費＞

月初仕掛品（数量）	当月完成品（数量）
当月投入（＊） ＊完成品＋月末仕掛品－月初仕掛品	月末仕掛品（数量）

仕掛品＜加工費＞

月初仕掛品（数量×仕上り程度＝ 完成品換算数量）	当月完成品（数量）
当月投入（＊） ＊完成品＋月末仕掛品（完成品換算数量） －月初仕掛品（完成品換算数量）	月末仕掛品（数量×仕上り程度＝ 完成品換算数量）

□□ 問題 次の資料を参照し，平均法により月末仕掛品原価，当月完成品原価，当月完成品単位原価を求めなさい。

＜生産データ＞
月初仕掛品： 20個
（仕上り程度：50％）
当月投入量：105個
当月完成品：100個
月末仕掛品： 25個
（仕上り程度：80％）

＜原価データ＞
月初仕掛品原価
　材料費： 2,350円
　加工費： 2,200円
当月製造費用
　材料費：18,900円
　加工費：17,600円

　なお，材料は始点ですべて投入される。

解答・解説

月末仕掛品原価	7,550円	当月完成品総合原価	33,500円
当月完成品単位原価	@335円		

　月初仕掛品と月末仕掛品が存在する場合で，平均法を用いるときは，月末仕掛品原価と当月製造費用の合計を当月完成品原価と月末仕掛品原価に分ける必要がある。

　材料費は，数量の割合で当月完成品と月末仕掛品とに配分する。

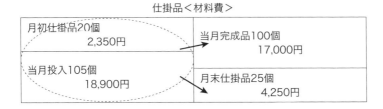

仕掛品＜材料費＞

　月末仕掛品の材料費は，（月初仕掛品原価2,350円＋当月製造費用18,900円）÷（当月完成品100個＋月末仕掛品25個）× 月末仕掛品25個＝4,250円，当月完成品の材料費は，月初仕掛品原価2,350円＋当月製造費用18,900円－月末仕掛品原価4,250円＝17,000円となる。

　加工費は，完成品換算数量の割合で当月完成品と月末仕掛品とに配分する。

仕掛品＜加工費＞

```
月初仕掛品20個×50％＝10個     当月完成品100個
2,200円                        16,500円
当月投入100個＋20個－10個      月末仕掛品25個×80％＝20個
＝110個                       3,300円
17,600円
```

　月末仕掛品の加工費は，（月初仕掛品原価2,200円＋当月投入原価17,600円）÷（当月完成品100個＋月末仕掛品完成品換算数量20個）× 月末仕掛品完成品換算数量20個＝3,300円，当月完成品の加工費は，月初仕掛品原価2,200円＋当月製造費用17,600円－月末仕掛品原価3,300円＝16,500円となる。

その結果，月末仕掛品原価は材料費4,250円＋加工費3,300円＝7,550円となる。また，当月完成品総合原価は，材料費17,000円＋加工費16,500円＝33,500円，当月完成品単位原価は33,500円÷100個＝＠335円となる。

　仕掛品のボックス図を材料費と加工費に分けずに，ひとつにまとめて書くと次のようになる。ボックス図を書くコツは，①ボックス図を大きく書くこと，②当月完成品のボックスは，月初仕掛品のボックスと等しく書かずに広く書くこと，③各ボックスには，数量や仕上り程度，完成品換算数量などの生産データだけでなく，材料費や加工費などの原価データもそれぞれ記入することである。

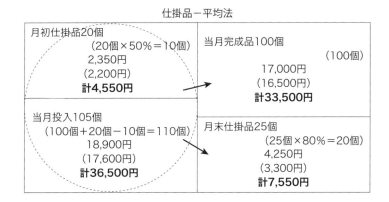

仕掛品－平均法

| 月初仕掛品20個
　　　（20個×50％＝10個）
　　　2,350円
　　　（2,200円）
　　　計4,550円 | 当月完成品100個
　　　　　　　　　　　（100個）
　　　17,000円
　　　（16,500円）
　　　計33,500円 |
| 当月投入105個
　　　（100個＋20個－10個＝110個）
　　　18,900円
　　　（17,600円）
　　　計36,500円 | 月末仕掛品25個
　　　（25個×80％＝20個）
　　　4,250円
　　　（3,300円）
　　　計7,550円 |

　次節で説明する先入先出法とのボックス図との違いを見比べてみると，次のようになる。

＜平均法の場合＞

$$\frac{月初仕掛品原価＋当月投入原価}{当月完成品数量＋月末仕掛品（換算）数量}×月末仕掛品（換算）数量$$

$$＝月末仕掛品原価$$

＜先入先出法の場合＞

$$\frac{当月投入原価}{当月投入分完成品数量＋月末仕掛品（換算）数量}×月末仕掛品（換算）数量$$

$$＝月末仕掛品原価$$

月初仕掛品がある場合，平均法と先入先出法の計算結果は異なる。

23 総合原価計算
（先入先出法）

Summary

1 先入先出法（FIFO：First-In First-Out method）は，先に投入した月初仕掛品の方が当月投入分よりも先に完成するという仮定に基づいて，月末仕掛品原価と当月完成品原価を計算する方法である。

2 次のボックス図のように，当月完成品の中に破線を引き，月初仕掛品からの完成品と，当月投入分からの完成品とに分けて計算する必要がある。

仕掛品＜材料費＞

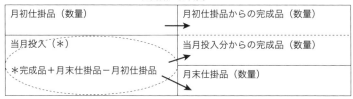

仕掛品＜加工費＞

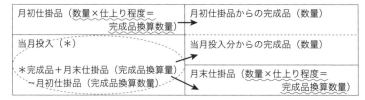

□□ 問題　　次の資料を参照し，先入先出法により月末仕掛品原価，当月完成品総合原価，当月完成品単位原価を求めなさい。

<生産データ>　　　　　<原価データ>

月初仕掛品：　20個　　　月初仕掛品原価

（仕上り程度：50%）　　　材料費：　2,350円

当月投入量：105個　　　　加工費：　2,200円

当月完成品：100個　　　当月製造費用

月末仕掛品：　25個　　　　材料費：18,900円

（仕上り程度：80%）　　　加工費：17,600円

　なお，材料は始点ですべて投入される。

解答・解説

月末仕掛品原価	7,700円	当月完成品総合原価	33,350円
当月完成品単位原価	@333.5円		

　月初仕掛品と月末仕掛品が存在する場合で，先入先出法をもちいるときは，月初仕掛品からの完成品と，当月投入分からの完成品を分けて計算する必要がある。

　当月投入の材料費は，数量の割合で当月投入分からの完成品と月末仕掛品とに按分する。

仕掛品＜材料費＞

月初仕掛品20個 2,350円	月初仕掛品からの完成品20個 2,350円
当月投入105個 18,900円	当月投入分からの完成品80個 14,400円 **計16,750円**
	月末仕掛品25個 4,500円

　月末仕掛品の材料費は，当月製造費用18,900円÷（当月投入分からの完成品80個＋月末仕掛品25個）×月末仕掛品25個＝4,500円となる。また当月投入分からの完成品の材料費は，当月製造費用18,900円－月末仕掛品原価4,500円＝14,400円となる。それとは別に月初仕掛品から完成品となる部分の材料費2,350円があるため，当月完成品の材料費は14,400円＋2,350円＝16,750円となる。

　当月投入の加工費は，完成品換算数量の割合で当月投入分からの完成品と月末仕掛品とに按分する。

仕掛品＜加工費＞

月初仕掛品20個×50％＝10個 2,200円	月初仕掛品からの完成品10個 2,200円
当月投入90個＋20個＝110個 17,600円	当月投入分からの完成品90個 14,400円 **計16,600円**
	月末仕掛品25個×80％＝20個 3,200円

月末仕掛品の加工費は，当月製造費用17,600円÷（当月投入分からの完成品90個＋月末仕掛品完成品換算数量20個）×月末仕掛品完成品換算数量20個＝3,200円となる。また当月投入分からの完成品の加工費は，当月製造費用17,600円－月末仕掛品原価3,200円＝14,400円となる。それとは別に月初仕掛品から完成品となる部分の加工費2,200円があるため，当月完成品の加工費は14,400円＋2,200円＝16,600円となる。

その結果，月末仕掛品原価は，材料費4,500円＋加工費3,200円＝7,700円となる。また当月完成品総合原価は，材料費16,750円＋加工費16,600円＝33,350円であり，当月完成品単位原価は33,350円÷100個＝@333.5円となる。

仕掛品のボックス図を材料費と加工費に分けずに，ひとつにまとめて書くと次のようになる。

先入先出法のボックスを書くコツは，①月初仕掛品からの完成品と当月投入分からの完成品があるため，完成品は月初仕掛品よりも広く書くこと，②完成品の中に，月初仕掛品と当月投入分の境界線から延長線を破線で引き，月初仕掛品からの完成品と，当月投入分からの完成品を分けるとよい，③各ボックスには，数量や仕上り程度，完成品換算数量などの生産データだけでなく，材料費や加工費などの原価データもそれぞれ記入するとよい。

仕掛品－先入先出法

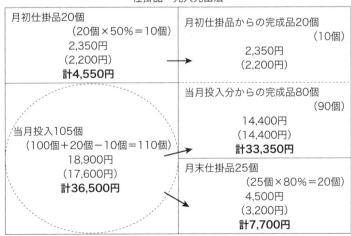

24

製品の受け払い

Summary

1 製品の受け入れとは，完成した製品が工場から倉庫へ引き渡されることを指し，完成した製品は売却されるまで倉庫で保管される。倉庫に保管されている製品は，製品勘定（資産）を用いる。

2 受入時の処理：受け入れた完成品の原価を，製品勘定（資産）の借方に記入する。また，製造過程の途中にある生産物を指す仕掛品が減少することから，仕掛品勘定（資産）の貸方に記入する。例えば，完成した製品1,000円を受け入れた場合の仕訳は次のとおりとなる。

（借）	製　　　　品	1,000	（貸）	仕　　掛　　品	1,000

3 製品の払い出しとは，倉庫で保管されている製品が顧客に販売され，倉庫から出庫されることを指す。顧客に引き渡された製品は，売上高に対応する製造原価として，売上原価勘定（費用）に振り替えられる。

4 払出時の処理：売上勘定（収益）の貸方に販売価額で記入する。同時に売上原価を計上するときは（売上原価対立法），売上高に対応する製品の原価を製品勘定（資産）の貸方に記入するとともに，売上原価勘定（費用）の借方に記入する。例えば，製造原価1,000円の製品を顧客に1,500円で販売し，倉庫から出庫された場合の仕訳は次のとおりとなる。

（借）	売　掛　金	1,500	（貸）	売　　　　上	1,500
（借）	売　上　原　価	1,000	（貸）	製　　　　品	1,000

5 完成後すぐに引き渡しとなる場合（倉庫への受け払いがない場合）は，製品勘定（資産）への振り替えを省略して次のような仕訳を行う。

（借）	売　上　原　価	1,000	（貸）	仕　　掛　　品	1,000

問題 以下に記した（1）～（8）は，製造業を営む会社における活動の一部である。これらを次の中から最も正しいと思われる勘定科目を用いて仕訳しなさい。なお，各取引は独立したものである。

| 現 金 | 当 座 預 金 | 売 掛 金 | 受 取 手 形 |
| 仕 掛 品 | 売 上 | 製 品 | 売 上 原 価 |

（1） 製品246,911円が完成し，倉庫に納入した。

（2） 先月完成し倉庫に保管していた原価493,822円の製品を顧客に引き渡した。なお，同製品の売価は615,752円であり，代金は翌月末までに当社の当座預金口座に振り込まれることになっている。また，同時に売上原価を計上した。

（3） 製品が完成し，倉庫に納入した。なお，製造原価は1,357,810円であった。

（4） 製造原価（1,200,000円）に40％の利益を加算した金額で顧客に引き渡し，代金のうち500,000円は当社振出しの小切手で受け取り，残額は翌月25日に支払う旨の約束手形を受け取った。また，同時に売上原価を計上した。

（5） 製品が完成し，顧客に引き渡すまでの間，倉庫に保管することにした。なお，同製品を製造するために要した製造原価は1,980,312円である。

（6） 製品を顧客に引き渡し，代金2,025,000円は翌月10日に受け取ることとした。なお，製品は製造原価の35％増で販売している。記帳は売上原価対立法による。

（7） 先に掛けで販売した製品（売価307,876円，原価246,911円）が品違いのため返品された。販売時，売上原価対立法によって記帳しており，売上原価勘定へは製品勘定から振り替えている。

（8） 注文を受けた製品990,156円が完成し，直ちに顧客に引き渡した。なお，代金1,237,695円は今月中に普通預金口座に振り込まれることになっている。記帳は売上原価対立法による。

解答・解説

	借方科目	金額	貸方科目	金額
（1）	製　　　　品	246,911	仕　掛　品	246,911
（2）	売　掛　金	615,752	売　　　上	615,752
	売 上 原 価	493,822	製　　　　品	493,822
（3）	製　　　　品	1,357,810	仕　掛　品	1,357,810
（4）	当 座 預 金	500,000	売　　　上	1,680,000
	受 取 手 形	1,180,000		
	売 上 原 価	1,200,000	製　　　　品	1,200,000
（5）	製　　　　品	1,980,312	仕　掛　品	1,980,312
（6）	売　掛　金	2,025,000	売　　　上	2,025,000
	売 上 原 価	1,500,000	製　　　　品	1,500,000
（7）	売　　　上	307,876	売　掛　金	307,876
	製　　　　品	246,911	売 上 原 価	246,911
（8）	売　掛　金	1,237,695	売　　　上	1,237,695
	売 上 原 価	990,156	仕　掛　品	990,156

（1）　完成した製品を仕掛品勘定から製品勘定に振り替える仕訳である。借方は製品246,911円，貸方は仕掛品246,911円となる。

（2）　製品引き渡し時の仕訳である。まず，顧客に製品を販売しているため貸方は売上615,752円となる。そしてこの代金は，当月末までに自社の当座預金口座に振り込まれることになっているが，これは代金を後で受け取る掛け取引とみなすため，借方は売掛金615,752円となる。また，製品を顧客に販売すれば製品という資産が減少するため，貸方に製品493,822円となる。このとき販売した製品の原価が売上原価であり，製品の販売により製品勘定を減少させると同時に，売上原価という費用が発生したと考える。そのため，借方は売上原価493,822円となる。

（3）　完成した製品を仕掛品勘定から製品勘定に振り替える仕訳である。借方は製品1,357,810円，貸方は仕掛品1,357,810円となる。

（4）　完成した製品を顧客に販売したときの仕訳である。売価は製造原価の40％増しであることから，1,200,000円×1.4＝1,680,000円となる。代金のうち500,000円は当社が振り出した小切手で受け取っているため当座預金で処理し，残りは約束手形を受け取っているため受取手形で処理する。その結果，借方は当座預金500,000円と受取手形1,180,000円，貸方は売上1,680,000円となる。また売上原価も同時に計上しているため，借方は売上原価1,200,000円，貸方は製品1,200,000円となる。

（5）　製品完成時の仕訳である。仕掛品勘定に集計された製品原価を製品勘定へ振り替えるため，借方は製品1,980,312円，貸方は仕掛品1,980,312円となる。

（6）　完成品を顧客に販売したときの仕訳である。売価は製造原価の35％増しであるため，製造原価は売価2,025,000円÷1.35＝1,500,000円となる。販売した際の代金は翌月に受け取るため，売掛金で処理する。また売上原価も同時に計上しているため，借方は売掛金2,025,000円と売上原価1,500,000円，貸方は売上2,025,000円と製品1,500,000円となる。

（7）　販売した製品が品違いで返品されたことから，売上と売掛金を消去するため，借方は売上307,876円，貸方は売掛金307,876円となる。また，販売時に売上原価対立法によって記帳していたことから，売上原価を消去する必要がある。さらに，返品により製品という資産が増加するため，借方は製品246,911円，貸方は売上原価246,911円となる。

（8）　製品引き渡し時の仕訳である。売上1,237,695円を貸方に計上するとともに，掛け取引であることから借方は売掛金1,237,695円となる。また，売上原価対立法を採用しており，完成後，直ちに顧客に引き渡しているため，仕掛品勘定から売上原価勘定へと直接，原価990,156円を振り替えることになる。したがって，借方は売掛金1,237,695円と売上原価990,156円，貸方は売上1,237,695円と仕掛品990,156円となる。

25

総合問題
（単純個別原価計算）

□□ |問|題|

次のA社の9月の取引に関する資料に基づいて，解答用紙の原価計算表を完成しなさい。なお，材料元帳の（　）は各自で考えること。

1．A社では個別原価計算を採用しており，顧客からの注文に応じて金属製品の製造を行っている。完成後はただちに顧客に引き渡している。

2．当月の月初有高は次のとおりである。なお，当社では直接材料としてM材料のみを用いている。

M材料：50,000円　仕掛品（#30）：378,500円

3．当月中に製造に従事した製品に関する情報は次のとおりである。

製造指図書	#30	#31	#32
製造着手日	8月22日	9月7日	9月20日
完成（予定）日	9月10日	9月22日	10月10日
引き渡し（予定）日	9月11日	9月23日	10月11日

4．当月の直接工による作業時間の内訳は次のとおりであった。

製造指図書	直接作業時間	間接作業時間	作業時間合計
#30	120時間		
#31	200時間	100時間	500時間
#32	80時間		

5．製造間接費は，当月の直接作業時間を基準として実際発生額を各製造指図書に配賦している。

材料元帳

(先入先出法)　　　　　　　　　　M材料　　　　　　　　　　（単位：円）

日付		摘要	受入			払出			残高		
			数量	単価	金額	数量	単価	金額	数量	単価	金額
9	1	前月繰越	( )	1,250	( )				( )	1,250	( )
	3	出庫#30				30	( )	( )	( )	( )	( )
	6	仕　入	300	1,260	378,000				( )	( )	( )
									300	1,260	378,000
	9	出庫#31				( )	( )	( )			
						200	1,260	252,000	100	1,260	126,000
	15	仕　入	150	1,270	190,500				100	1,260	126,000
									150	1,270	190,500
	24	出庫#32				100	1,260	126,000			
						90	1,270	114,300	60	1,270	76,200
	30	次月繰越				60	1,270	76,200			
			( )		( )	( )		( )			

原価計算表　　　　　　　　　　（単位：円）

摘要 ＼ 製造指図書	#30	#31	#32	合計
月初仕掛品原価	( )	——	——	( )
直接材料費	( )	( )	( )	( )
直接労務費	( )	( )		620,000
製造間接費	( )	( )	( )	710,000
合計	( )	( )	( )	( )
備考	完成	完成	仕掛中	

解答・解説

原価計算表 (単位：円)

摘要 ＼ 製造指図書	＃30	＃31	＃32	合計
月 初 仕 掛 品 原 価	(378,500)	―	―	(378,500)
直 接 材 料 費	(37,500)	(264,500)	(240,300)	(542,300)
直 接 労 務 費	(186,000)	(310,000)	(124,000)	620,000
製 造 間 接 費	(213,000)	(355,000)	(142,000)	710,000
合 計	(815,000)	(929,500)	(506,300)	(2,250,800)
備 考	完成	完成	仕掛中	

　当月M材料月初有高50,000円は，8月22日から製造に着手している＃30に関するものである。

＊直接材料費

　材料元帳払出欄より，＃30　37,500円

　＃31　12,500 + 252,000 = 264,500円

　＃32　126,000 + 114,300 = 240,300円

＊直接労務費

　直接作業時間合計　120時間 + 200時間 + 80時間 = 400時間

　直接労務費620,000円 ÷ 400時間 = @1,550円

　＃30　@1,550円 × 120時間 = 186,000円

　＃31　@1,550円 × 200時間 = 310,000円

　＃32　@1,550円 × 80時間 = 124,000円

＊製造間接費

製造間接費710,000÷400時間＝@1,775円

#30　@1,775円×120時間＝213,000円

#31　@1,775円×200時間＝355,000円

#32　@1,775円×80時間＝142,000円

材料元帳

			受入			払出			残高		
日付		摘要	数量	単価	金額	数量	単価	金額	数量	単価	金額
9	1	前月繰越	40	1,250	50,000				40	1,250	50,000
	3	出庫#30				30	1,250	37,500	10	1,250	12,500
	6	仕入	300	1,260	378,000				10	1,250	12,500
									300	1,260	378,000
	9	出庫#31				10	1,250	12,500			
						200	1,260	252,000	100	1,260	126,000
	15	仕入	150	1,270	190,500				100	1,260	126,000
									150	1,270	190,500
	24	出庫#32				100	1,260	126,000			
						90	1,270	114,300	60	1,270	76,200
	30	次月繰越				60	1,270	76,200			
			490		618,500	490		618,500			

（先入先出法）　　　　M材料　　　　（単位：円）

101

26 総合問題
（単純総合原価計算1）

□□ **問題 1** 次の資料を参照し，平均法により月末仕掛品原価，当月完成品総合原価，当月完成品単位原価を求めなさい。

<生産データ>　　　　　<原価データ>

月初仕掛品： 70個　　　月初仕掛品原価

（仕上り程度：50%）　　　材料費：14,070円

当月投入量：170個　　　　加工費：18,900円

当月完成品：180個　　　当月製造費用

月末仕掛品： 60個　　　　材料費：21,930円

（仕上り程度：50%）　　　加工費：65,100円

　なお，材料は始点ですべて投入される。

□□ **問題 2** 次の資料を参照し，先入先出法により月末仕掛品原価，当月完成品総合原価，当月完成品単位原価を求めなさい。

<生産データ>　　　　　<原価データ>

月初仕掛品： 70個　　　月初仕掛品原価

（仕上り程度：50%）　　　材料費：14,040円

当月投入量：170個　　　　加工費：18,900円

当月完成品：180個　　　当月製造費用

月末仕掛品： 60個　　　　材料費：21,930円

（仕上り程度：50%）　　　加工費：65,100円

　なお，材料は始点ですべて投入される。

解答・解説

問題 1 ....

月末仕掛品原価	21,000円	当月完成品総合原価	99,000円
当月完成品単位原価	@550円		

　月初仕掛品と月末仕掛品が存在し，平均法を用いるため，月末仕掛品原価と当月製造費用の合計を当月完成品原価と月末仕掛品原価とに分ける必要がある。

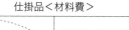

仕掛品＜材料費＞

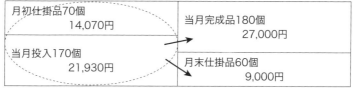

月初仕掛品70個 14,070円	当月完成品180個 27,000円
当月投入170個 21,930円	月末仕掛品60個 9,000円

　材料費は，数量の割合で当月完成品と月末仕掛品とに按分する。月末仕掛品の材料費は，（月初仕掛品原価14,070円＋当月製造費用21,930円）÷（当月完成品180個＋月末仕掛品60個）×月末仕掛品60個＝9,000円となる。また当月完成品の材料費は，月初仕掛品原価14,070円＋当月製造費用21,930円－月末仕掛品原価9,000円＝27,000円となる。

仕掛品＜加工費＞

月初仕掛品70個×50％＝35個 18,900円	当月完成品180個 72,000円
当月投入180個＋30個－35個 ＝175個 65,100円	月末仕掛品60個×50％＝30個 12,000円

　加工費は，完成品換算数量の割合で当月完成品と月末仕掛品とに按分する。月末仕掛品の加工費は，（月初仕掛品原価18,900円＋当月製造費用65,100円）÷（当月完成品180個＋月末仕掛品の完成品換算数量30個）×月末仕掛品の

完成品換算数量30個＝12,000円となる。また当月完成品の加工費は，月初仕掛品原価18,900円＋当月製造費用65,100円－月末仕掛品原価12,000円＝72,000円となる。

その結果，月末仕掛品原価は材料費9,000円＋加工費12,000円＝21,000円となる。また当月完成品総合原価は，材料費27,000円＋加工費72,000円＝99,000円となり，当月完成品単位原価は99,000円÷180個＝@550円となる。

| 問題 2 | .... |

月末仕掛品原価	18,900円	当月完成品総合原価	101,100円
当月完成品単位原価	@561.5円		

月初仕掛品と月末仕掛品が存在し，先入先出法を用いることから，月初仕掛品からの完成品と当月投入分からの完成品を分けて計算する必要がある。

仕掛品＜材料費＞

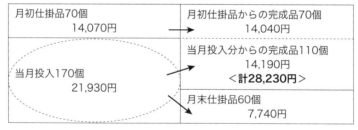

当月投入の材料費は，数量の割合で当月投入分からの完成品と月末仕掛品とに按分する。月末仕掛品の材料費は，当月製造費用21,930円÷（当月投入分からの完成品110個＋月末仕掛品60個）×月末仕掛品60個＝7,740円となる。また当月投入分から完成した製品の材料費は，当月製造費用21,930円－月末仕掛品原価7,740円＝14,190円となる。月初仕掛品から完成した製品の材料費14,040円も存在していることから，当月完成品の材料費は14,190円＋14,040円＝28,230円となる。

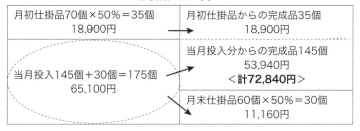

仕掛品＜加工費＞

月初仕掛品70個×50％＝35個 18,900円	月初仕掛品からの完成品35個 18,900円
当月投入145個＋30個＝175個 65,100円	当月投入分からの完成品145個 53,940円 ＜計72,840円＞
	月末仕掛品60個×50％＝30個 11,160円

　当月投入の加工費は，完成品換算数量の割合で当月投入分からの完成品と月末仕掛品とに按分する。月末仕掛品の加工費は，当月製造費用65,100円÷（当月投入分からの完成品145個＋月末仕掛品の完成品換算数量30個）×月末仕掛品の完成品換算数量30個＝11,160円となる。また当月投入分から完成した製品の加工費は，当月製造費用65,100円－月末仕掛品原価11,160円＝53,940円となる。月初仕掛品から完成した製品の加工費18,900円も存在していることから，当月完成品の加工費は53,940円＋18,900円＝72,840円となる。

　その結果，月末仕掛品原価は材料費7,740円＋加工費11,160円＝18,900円となり，当月完成品総合原価は材料費28,230円＋加工費72,840円＝101,070円となる。最後に，当月完成品単位原価は101,070円÷180個＝＠561.5円となる。

27 総合問題
（単純総合原価計算2）

□□ **問題 1**　次の資料を参照し，平均法により月末仕掛品原価，当月完成品総合原価，当月完成品単位原価を求めなさい。

＜生産データ＞　　　　　＜原価データ＞

月初仕掛品：　50個　　　月初仕掛品原価

（仕上り程度：20%）　　　材料費：14,800円

当月投入量：170個　　　　加工費：　6,400円

当月完成品：170個　　　当月製造費用

月末仕掛品：　50個　　　　材料費：95,200円

（仕上り程度：80%）　　　加工費：86,000円

　なお，材料は始点ですべて投入される。

□□ **問題 2**　次の資料を参照し，先入先出法により月末仕掛品原価，当月完成品総合原価，当月完成品単位原価を求めなさい。

＜生産データ＞　　　　　＜原価データ＞

月初仕掛品：　50個　　　月初仕掛品原価

（仕上り程度：20%）　　　材料費：14,800円

当月投入量：170個　　　　加工費：　6,400円

当月完成品：170個　　　当月製造費用

月末仕掛品：　50個　　　　材料費：95,200円

（仕上り程度：80%）　　　加工費：86,000円

　なお，材料は始点ですべて投入される。

解答・解説

問 題 1 ....

月末仕掛品原価	42,600円	当月完成品総合原価	159,800円
当月完成品単位原価	@940円		

　月初仕掛品と月末仕掛品が存在し，平均法を用いるため，月末仕掛品原価と当月製造費用の合計を当月完成品原価と月末仕掛品原価とに分ける必要がある。

仕掛品－平均法

　材料費は，数量の割合で当月完成品と月末仕掛品とに按分する。月末仕掛品の材料費は，（月初仕掛品原価14,800円＋当月製造費用95,200円）÷（当月完成品170個＋月末仕掛品50個）×月末仕掛品50個＝25,000円となる。また当月完成品の材料費は，月初仕掛品原価14,800円＋当月製造費用95,200円－月末仕掛品原価25,000円＝85,000円となる。

　加工費は，完成品換算数量の割合で当月完成品と月末仕掛品とに按分する。月末仕掛品の加工費は，（月初仕掛品原価6,400円＋当月製造費用86,000円）÷（当月完成品170個＋月末仕掛品完成品換算数量40個）×月末仕掛品完成品換算数量40個＝17,600円となる。また当月完成品の加工費は，月初仕掛品原価6,400円＋当月製造費用86,000円－月末仕掛品原価17,600円＝74,800円となる。

その結果，月末仕掛品原価は材料費25,000円＋加工費17,600円＝42,600円となり，当月完成品総合原価は材料費85,000円＋加工費74,800円＝159,800円となる。最後に，当月完成品単位原価は159,800円÷170個＝@940円となる。

問題 2 ┈┈┈┈┈┈┈┈┈┈┈┈┈┈┈┈┈┈┈┈┈┈┈┈┈┈┈┈┈┈┈┈┈┈┈┈

| 月末仕掛品原価 | 45,200円 | 当月完成品総合原価 | 157,200円 |
| 当月完成品単位原価 | @924.7円 | | |

月初仕掛品と月末仕掛品が存在し，先入先出法を用いるため，月初仕掛品からの完成品と，当月投入分からの完成品を分けて計算する必要がある。

仕掛品－先入先出法

月初仕掛品50個 　　　（50個×20％＝10個） 14,800円 （6,400円） ＜計21,200円＞	月初仕掛品からの完成品50個 　　　　　　　　　　（10個） 14,800円 （6,400円）
当月投入170個 　　　（160個＋40個＝200個） 95,200円 （86,000円） ＜計181,200円＞	当月投入分からの完成品120個 　　　（170個－10個＝160個） 67,200円 （68,800円） ＜計157,200円＞
	月末仕掛品50個 　　　（50個×80％＝40個） 28,000円 （17,200円） ＜計45,200円＞

当月投入の材料費は，数量の割合で当月投入分からの完成品と月末仕掛品とに按分する。月末仕掛品の材料費は，当月製造費用95,200円÷（当月投入分からの完成品120個＋月末仕掛品50個）×月末仕掛品50個＝28,000円となる。また，当月投入分から完成した製品の材料費は，当月製造費用95,200円－月末仕掛品原価28,000円＝67,200円となる。月初仕掛品から完成した製品の材料費14,800円も存在していることから，当月完成品の材料

費は67,200円＋14,800円＝82,000円となる。

　当月投入の加工費は，完成品換算数量の割合で当月投入分からの完成品と月末仕掛品とに按分する。月末仕掛品の加工費は，当月製造費用86,000円÷（当月投入分からの完成品160個＋月末仕掛品完成品換算数量40個）×月末仕掛品完成品換算数量40個＝17,200円となる。また当月投入分から完成した製品の加工費は，当月製造費用86,000円－月末仕掛品原価17,200円＝68,800円となる。月初仕掛品から完成した製品の加工費6,400円も存在していることから，当月完成品の加工費は68,800円＋6,400円＝75,200円となる。

　その結果，月末仕掛品原価は材料費28,000円＋加工費17,200円＝45,200円となり，当月完成品総合原価は材料費82,000円＋加工費75,200円＝157,200円となる。最後に，当月完成品単位原価は157,200円÷170個＝＠924.7円となる。

28

模擬試験問題

□□ **問題 1** 次の①〜⑤を直接材料費，直接労務費，間接材料費，間接労務費，間接経費のいずれかに分類しなさい。

① 工場で使用するドライバーやスパナの購入額

② 工員が加工作業に従事した時間に対する賃金消費額

③ 製品を製造するために消費された電力料

④ 運搬工が運搬作業に従事した時間に対する賃金消費額

⑤ 製品を製造するために消費された材料費

□□ **問題 2** 次の①〜⑥の取引を，次の勘定科目の中から最も適切なものを用いて仕訳しなさい。

現 金	当 座 預 金	売 掛 金	賃 金
仕 掛 品	製 造 間 接 費	製 品	売 上 原 価
材 料	売 上		

① 材料500,000円を出庫した。なお，400,000円は製品を製造するために消費され，残りは製造用機械の修繕のために消費された。

② 当月の直接工による段取時間は20時間，直接作業時間は300時間であった。なお，実際消費賃率は800円／時である。

③ 当月の間接工に対する賃金支払額は180,000円，前月未払額は34,000円，当月未払額は32,000円であった。

④ 当月の製造間接費実際発生額450,000円を製品に配賦した。

⑤ 製品（製造原価820,000円）が完成し，倉庫に保管した。

⑥ 650,000円の製品を売価975,000円で顧客に引き渡し，代金は先方振出しの小切手で受け取った。同時に売上原価を計上した。

□□ 問題 3 次の資料に基づいて，平均法により月末仕掛品原価，当月完成品総合原価を求めなさい。なお，材料は始点ですべて投入される。

<生産データ>

月初仕掛品	20個	（仕上り程度：50％）
当月投入	130個	
合計	150個	
月末仕掛品	50個	（仕上り程度：40％）
当月完成品	100個	

<原価データ>

月初仕掛品原価
　材料費　　3,500円
　加工費　　4,000円
当月製造費用
　材料費　20,500円
　加工費　27,800円

□□ 問題 4 次のア〜オは，下の勘定内の①〜⑤のいずれに記入されるか。

ア．当月の完成品原価
イ．補助材料費の消費額
ウ．製造間接費の実際配賦額
エ．当月に販売した製品の原価
オ．直接工の間接作業に従事した時間に対する賃金消費額

材　　　料

前 月 繰 越		仕 掛 品	
諸　　　口		製 造 間 接 費	①
		次 月 繰 越	

賃　　　金

諸　　　口		未 払 賃 金	
未 払 賃 金		仕 掛 品	
		製 造 間 接 費	②

製 造 間 接 費

材　　　料	①	仕 掛 品	③
賃　　　金	②		
経　　　費			

111

仕 掛 品

前 月 繰 越		製　　　　　品		④
材　　　　料		次 月 繰 越		
賃　　　　金				
製 造 間 接 費	③			

製 品

前 月 繰 越		売 上 原 価		⑤
仕 掛 品	④	次 月 繰 越		

売 上 原 価

製　　　　　品	⑤	月 次 損 益		

□□ 問題 5　A社の6月中の取引に関する次の資料に基づき，解答用紙の原価計算表を完成しなさい。なお，材料元帳の（　）は各自で考えること。

1．6月に従事した製造指図書番号と受注日，引渡日は以下のとおりである。

製造指図書	受注日	引渡日
＃381	5/20	6/14
＃382	6/3	6/25
＃383	6/19	7/13（予定）

2．製造指図書＃381の製品について，前月末までの直接材料費は92,300円，直接労務費は124,000円，製造間接費は211,000円である。

3．6月の製造指図書別直接作業時間は以下のとおりである。なお，製造間接費は，直接作業時間を基準として各製造指図書に配賦している。
　　＃381：30時間　＃382：50時間　＃383：40時間

4．6月の材料元帳（移動平均法で記帳）は以下のとおりである。なお，同社はM材料1種類のみを用いて製造している。

112

材料元帳　　　　　　　　　　　　　　　　（単位：個）

日付		摘　要	受入			払出			残高		
			数量	単価	金額	数量	単価	金額	数量	単価	金額
6	1	前月繰越	60	500	30,000				60	500	30,000
	3	出庫(#381)				40	( )	( )	20	( )	( )
	5	仕　入	180	550	99,000				200	( )	( )
	9	出庫(#382)				160	( )	( )	40	( )	( )
	22	仕　入	310	580	179,800				350	( )	( )
	24	出庫(#383)				300	( )	( )	50	( )	( )
	30	次月繰越				50	( )	( )			
			550		308,800	550		308,800			

解答・解説

問題 1

①	間接材料費	②	直接労務費	③	間接経費
④	間接労務費	⑤	直接材料費		

　①の工場で使用するドライバーやスパナは工場消耗品となるため，間接材料費となる。②の加工作業は直接作業であるため，直接労務費となる。③の電力料は個々の製品に消費額を跡づけられないため間接経費となる。④の運搬作業は間接作業であるため，間接労務費となる。⑤の製品を製造するために消費された材料は直接材料費となる。

	借方科目	金額	貸方科目	金額
①	仕　掛　品	400,000	材　　　料	500,000
	製 造 間 接 費	100,000		
②	仕　掛　品	256,000	賃　　　金	256,000
③	製 造 間 接 費	178,000	賃　　　金	178,000
④	仕　掛　品	450,000	製 造 間 接 費	450,000
⑤	製　　　品	820,000	仕　掛　品	820,000
⑥	現　　　金	975,000	売　　　上	975,000
	売 上 原 価	650,000	製　　　品	650,000

① 材料を消費したときの仕訳である。製品の製造のために消費された材料は直接材料費となるため，借方は仕掛品，貸方は材料となる。また，機械の修繕に用いられた材料は間接材料費となるため，借方は製造間接費，貸方は材料となる。

② 直接工に対する賃金消費額を計上したときの仕訳である。段取時間，直接作業時間ともに直接労務費となることから，借方は仕掛品，貸方は賃金となる。なお，両方の作業時間合計320時間に実際消費賃率800円／時を乗じて消費額を算定する。

③ 間接工に対する賃金消費額を計上したときの仕訳である。間接工に対する賃金はすべて製造間接費となるため，借方は製造間接費，貸方は賃金となる。なお，消費額は当月支払額180,000円から前月未払額34,000円を減算し，当月未払額32,000円を加算して算定する。

④ 製造間接費を各製品に配賦したときの仕訳である。製造間接費を製品に配賦したときは借方に仕掛品，貸方に製造間接費となる。

⑤ 製品が完成したときの仕訳である。完成した製品の原価を仕掛品勘定の貸方から製品勘定の借方に振り替える。

⑥ 製品を販売したときの仕訳である。販売した製品の売価を売上勘定の貸方に記入するとともに，代金は先方振出しの小切手で受け取ったことから借方は現金となる。また同時に売上原価を計上するため，販売した製品の原価を製品勘定の貸方から売上原価勘定の借方に振り替える。

月末仕掛品原価	13,300円	当月完成品総合原価	42,500円

　月初仕掛品原価と当月製造費用を，平均法により当月完成品と月末仕掛品に按分する。月末仕掛品の材料費は，（月初仕掛品原価3,500円＋当月製造費用20,500円）÷（当月完成品数量100個＋月末仕掛品数量50個）×月末仕掛品数量50個＝8,000円，当月完成品の材料費は，月初仕掛品原価3,500円＋当月製造費用20,500円－月末仕掛品原価8,000円＝16,000円となる。

　加工費は，完成品換算数量の割合で当月完成品と月末仕掛品とに配分するため，月末仕掛品の加工費は（月初仕掛品原価4,000円＋当月投入原価27,800円）÷（当月完成品数量100個＋月末仕掛品完成品換算数量20個）×月末仕掛品完成品換算数量20個＝5,300円，当月完成品の加工費は，月初仕掛品原価4,000円＋当月製造費用27,800円－月末仕掛品原価5,300円＝26,500円となる。

　その結果，月末仕掛品原価は材料費8,000円＋加工費5,300円＝13,300円となる。また，当月完成品総合原価は，材料費16,000円＋加工費26,500円＝42,500円となる。

①	イ	②	オ	③	ウ	④	ア	⑤	エ

　①は，材料勘定の貸方と製造間接費勘定の借方に記されている。これは，材料が間接材料費として消費され，製造間接費勘定の借方に振り替えられる流れを表していることから，「イ．補助材料費の消費額」を指している。

　②は，賃金勘定の貸方と製造間接費勘定の借方に記されている。これは，賃金が間接労務費として消費され，製造間接費勘定の借方に振り替えられる流れを表していることから，「オ．直接工が間接作業に従事した時間に対する賃金消費額」を指している。

　③は，製造間接費勘定の貸方と仕掛品勘定の借方に記されている。これは，製造間接費が各製品に配賦され，仕掛品勘定に振り替えられる流れを

表していることから，「ウ．製造間接費の実際配賦額」を指している。

④は，仕掛品勘定の貸方と製品勘定の借方に記されている。これは，製品が完成し，完成品の原価が仕掛品勘定から製品勘定に振り替えられる流れを表していることから，「ア．当月の完成品原価」を指している。

⑤は，製品勘定の貸方と売上原価勘定の借方に記されている。これは，完成し保管していた製品が顧客に引き渡され，販売された製品の原価が製品勘定から売上原価勘定に振り替えられる流れを表していることから，「エ．当月に販売した製品の原価」を指している。

問題 5

原価計算表 （単位：円）

摘要 ＼ 製造指図書	＃381	＃382	＃383	合計
月初仕掛品原価	(427,300)	——	——	(427,300)
直 接 材 料 費	(20,000)	(87,200)	(172,800)	(280,000)
直 接 労 務 費	(112,500)	(187,500)	(150,000)	450,000
製 造 間 接 費	(157,500)	(262,500)	(210,000)	630,000
合 計	(717,300)	(537,200)	(532,800)	(1,787,300)
備 考	完成	完成	仕掛中	

資料の2より，月初仕掛品は製造指図書＃381に対するものであることがわかる。また，直接材料費92,300円＋直接労務費124,000円＋製造間接費211,000円＝427,300円が月初仕掛品原価となる。

各製造指図書の直接材料費は，材料元帳（移動平均法）から算定する。＃381は，6月3日に40個が出庫されている。そのときの消費額は，前月繰越の@500円×払出数量40個＝20,000円となる。

＃382は，6月9日に160個が出庫されている。そのときの消費額は，6月3日の残高20個×@500円＝10,000円と6月5日の材料購入額99,000円の合計109,000円を，6月5日の残高数量合計200個で除して求めた平均単価@545円×払出数量160個＝87,200円となる。

＃383は，6月24日に300個が出庫されている。そのときの消費額は，6月9日の残高40個×@545円＝21,800円と6月22日の材料購入額179,800円

の合計201,600円を，6月22日の残高数量合計350個で除して求めた平均単価@576円×払出数量300個＝172,800円となる。

　直接労務費は，解答用紙の合計欄より当月の実際発生額は450,000円であり，また資料の3より直接作業時間合計は#381の30時間＋#382の50時間＋#383の40時間＝120時間であることがわかる。そこで，実際発生額450,000円を直接作業時間合計120時間で除して，実際賃率@3,750円が算定される。この実際賃率に各製品の直接作業時間を乗じて各製品の直接労務費を算定する。すなわち，#381は@3,750円×30時間＝112,500円，#382は@3,750円×50時間＝187,500円，#383は@3,750円×40時間＝150,000円となる。

　製造間接費も同様に，解答用紙の合計欄より当月の実際発生額は630,000円であり，また資料の3より直接作業時間を配賦基準としていることから，実際発生額630,000円を直接作業時間合計120時間で除して，実際配賦率@5,250円が算定される。この実際配賦率に各製品の直接作業時間を乗じて各製品の配賦額を算定する。すなわち，#381は@5,250円×30時間＝157,500円，#382は@5,250円×50時間＝262,500円，#383は@5,250円×40時間＝210,000円となる。

材料元帳

(移動平均法)				M材料					(単位：円)		
日付	摘　要	受入			払出			残高			
		数量	単価	金額	数量	単価	金額	数量	単価	金額
6　1	前月繰越	60	500	30,000				60	500	30,000
3	出庫No.381				40	500	20,000	20	500	10,000
5	仕　入	180	550	99,000				200	545	109,000
9	出庫No.382				160	545	87,200	40	545	21,800
22	仕　入	310	580	179,800				350	576	201,600
24	出庫No.383				300	576	172,800	50	576	28,800
30	次月繰越				50	576	28,800			
		550		308,800	550		308,800			
7　1	前月繰越	50	576	28,800				50	576	28,800

＊製造間接費￥630,000÷直接作業時間合計120時間＝@￥5,250

　　No.381　@￥5,250×30時間＝￥157,500

　　No.382　@￥5,250×50時間＝￥262,500

　　No.383　@￥5,250×40時間＝￥210,000

＜監修者紹介＞

奥村　雅史（おくむら・まさし）

早稲田大学教授　博士（商学）早稲田大学
全国経理教育協会　簿記能力検定試験上級審査会委員
早稲田大学大学院商学研究科博士後期課程単位取得。早稲田大学助手，福島大学助教授，名古屋市立大学助教授等を経て現職。現在，日本経済会計学会会長，日本会計研究学会理事を務める。主要著書に『利益情報の訂正と株式市場』（中央経済社），『デジタル技術の進展と会計情報』（編著，中央経済社），『会計不全—デジタライゼーションは会計をどう変えるか』（訳書，中央経済社），『全経簿記上級　原価計算・管理会計テキスト（第4版)』（共編著，中央経済社）などがある。

＜編著者紹介＞

望月　信幸（もちづき・のぶゆき）

熊本県立大学教授　博士（経営学）横浜国立大学
横浜国立大学大学院国際社会科学研究科博士後期課程修了。熊本県立大学専任講師，准教授を経て現職。主な著書に『地方創生への挑戦』（共著，中央経済社），『全経簿記上級　原価計算・管理会計テキスト（第4版)』（共著，中央経済社），『学部生のための企業分析テキスト（改訂版）』（共著，創成社）などがある。

全経簿記能力検定試験標準問題集　　2級工業簿記

2024年5月20日　第1版第1刷発行

監　修　奥　村　雅　史
編著者　望　月　信　幸
発行者　山　本　　　継
発行所　㈱中央経済社
発売元　㈱中央経済グループ
　　　　パブリッシング

〒101-0051　東京都千代田区神田神保町1-35
電話　03 (3293) 3371 (編集代表)
　　　03 (3293) 3381 (営業代表)
https://www.chuokeizai.co.jp
印刷／昭和情報プロセス㈱
製本／㈲井上製本所

©2024
Printed in Japan